PSICOLOGÍA DE LA FELICIDAD
© Adolfo Pérez Agustí (2014)

Edita: Ediciones Masters
MADRID (Spain)
edicionesmasters@gmail.com
http://www.edicionesmasters.com

Mi agradecimiento a los siguientes amigos que han aportado datos desinteresados para este libro:

A Francisco Vinagre Benito (paco@libertademocional.es) licenciado en Ciencias Físicas, especialidad Física Teórica, experto en Técnicas de Liberación Emocional, por su trabajo "Biodescodificación".

A Rosa Real Cabrera (rosamaria.real.cabrera@gmail.com) Facilitadora Energética, por su trabajo "Comunicación Interpersonal".

A Fernando Torres Pérez (fertorrespe@gmail.com) licenciado por la Universidad Pontificia de Comillas, experto en Terapias Energéticas y Maestro de Reiki, por su trabajo en "Reiki".

A Carmen Nacimiento (cnacimiento@yahoo.es) Doctora en Radiodiagnóstico y Psicología, por su trabajo "Concordancia Cuántica".

A Aída García Sastre (aidataichi@hotmail.com) experta en Taichí y Terapias Nutricionales, por su trabajo "La Felicidad Subjetiva".

ÍNDICE

CAPÍTULO 1
Encuestas y estadísticas

CAPÍTULO 2
LA FELICIDAD POR EL RACIOCINIO
2.1. PNL2.2. Inteligencia emocional
2.3. Gestalt
2.4. Psicología
2.5. Psicoterapia
2.6 Biodescodificación
2.7. Psicología cuántica
2.8. Filosofía
2.9. Metafísica

CAPÍTULO 3
LA FELICIDAD MEDIANTE
EL MISTICISMO Y TERAPIAS DE RELAJACIÓN
3.1. Ho'oponopono
3.2. Meditación
3.2.1 Tipos de meditación
3.3. Constelaciones familiares
3.4. Creencias místicas y religiosas
3.4.1 Budismo
3.4.2 Karma
3.4.3 Cristianismo
3.4.4 Islamismo
3.4.5 Hinduismo
3.4.6 Judaísmo

3.4.7 Taoísmo

CAPÍTULO 4
LA FELICIDAD MEDIANTE SISTEMAS FÍSICOS
4.1. Tapping (EFT) y puntos de presión o percusión
4.2. Mantras y mudras
4.3. Colorterapia
4.4. Musicoterapia
4.5. Deporte, ejercicio
4.6. Reiki
4.7. Manualidades, escritura, pintura y otras artes (incluida interpretación)

CAPÍTULO 4
LA FELICIDAD MEDIANTE SISTEMAS FÍSICOS
4.1. Tapping (EFT) y puntos de presión o percusión
4.2. Mantras y mudras
4.3. Colorterapia
4.4. Musicoterapia
4.5. Deporte, ejercicio
4.6. Reiki
4.7. Manualidades, escritura, pintura y otras artes (incluida interpretación)

CAPÍTULO 5
LA FELICIDAD MEDIANTE SISTEMAS DE VIDA
5.1 Salud
5.2 Terapias naturales
5.2.1. Fitoterapia
5.3 Homeopatía
5.4 Flores de Bach
5.5 Nutrición

5.7 Aromaterapia
5.8 Acupuntura
5.9 Medio ambiente

CAPÍTULO 6
FARMACOTERAPIA Y DROGAS (INCLUIDAS LAS CHAMÁNICAS)
6.1 Farmacoterapia
6.2 Drogas
6.3. Drogas chamánicas

CAPÍTULO 7
LA FELICIDAD A TRAVÉS DE LAS RELACIONES SOCIALES
7.1 Ayuda al necesitado (ONGs)
7.2 Viajes
7.3 Grupos de autoayuda
7.4 Talleres espirituales
7.5 Amigos y familia
7.5.1 Comunicación interpersonal
7.6 Las relaciones de pareja
7.7 La felicidad subjetiva
7.8 Encuestas

Psicología de la felicidad

PSICOLOGÍA DE LA FELICIDAD

Adolfo Pérez Agustí

La felicidad: experiencia de vida marcada por la preponderancia de las emociones positivas, de satisfacción con la existencia, del bienestar subjetivo.

La búsqueda científica de la felicidad y las emociones favorables, es el primer pilar de la nueva psicología positiva que estudia las fortalezas y virtudes de carácter gratificante y las instituciones sociales positivas. Esta nueva psicología aporta métodos y soluciones que han obligado primero a evaluar la cuantía de la felicidad, y para ello se han necesitado emplear varios parámetros. El más simple es un único elemento utilizado en cientos de miles de personas al hacerles la sencilla pregunta de si son felices: mucho, bastante o nada. Las respuestas quizá no fueron sinceras, puesto que la mayoría se han confesado felices, dentro de una escala variable, y demasiado influidas por el propio entrevistador. Así, las diferencias se hicieron más notorias cuando la misma pregunta se hizo en el seno de las familias, entre los miembros de una relación sentimental, en los ambientes de recreo, o en el trabajo habitual. Por ejemplo: cuando un hijo pequeño hace esa pregunta a su padre –papá, ¿eres feliz?- la respuesta es siempre muy optimista, pues no hay que preocupar al niño con las desventuras de su padre. Hogareñamente muy próxima, en la alcoba, si es la pareja quién formula esa interrogante, el negativismo se hace patente, como esperando que el cónyuge tome parte activa en nuestra felicidad. Y al jefe que nos paga todos los meses tampoco podemos mencionarle nuestro infortunio, ya que un empleado deprimido no suele proporcionar rendimientos óptimos. Y finalmente, en una sala de ocio –una discoteca, por ejemplo- el optimismo suele ser manifiesto, pues las lágrimas a flor de ojo suponen un revulsivo para todos.

Otros investigadores emplean medidas de felicidad de distintos modos y algunos evalúan la diferencia entre felicidad cognitiva y física. ¿Se siente la felicidad en todo el cuerpo, o nos consideramos felices cuando razonamos nuestra existencia? Es decir, ¿hacemos juicios de satisfacción con la vida, o el componente afectivo por el contacto físico social nos lleva a sentirnos bien?

La experiencia de emociones positivas frecuentes y las emociones negativas relativamente poco frecuentes, pueden servir de evaluación para desarrollar una Escala de Vida, mientras que la Escala de Balance Afectivo invita a la gente a manifestar con qué frecuencia se han experimentado diversas emociones positivas y negativas en los últimos 30 días.

El Método Experiencia utiliza un simple teléfono móvil para hablar de modo improvisado con las personas, interrumpir su vida habitual y probar su estado de ánimo, y el Método de Reconstrucción Diaria hace encuestas para revisar el día anterior y que recuerden exactamente lo que estaban haciendo y cómo se sentían durante cada hora.

La Escala de Felicidad Subjetiva pide a la gente que evalúe la medida en que se creen que son personas felices o infelices (por ejemplo, "En general, me considero ..."), aunque como hemos indicado las personas suelen aumentar su grado de felicidad en estas encuestas.

Como vemos, no hay un único método que se emplee para averiguar si verdaderamente las personas son felices, o no. Lo que resulta plausible es que la felicidad supone un objetivo importante para la mayoría de las personas, aunque existe poca investigación científica centrada en la cuestión de cómo se puede aumentar la felicidad y luego mantenerla, probablemente por el pesimismo engendrado por la genética. Como conclusión introductoria, podríamos añadir que existen nuevas fuentes de optimismo respecto a la posibilidad de aumentos permanentes de felicidad, como la adaptación y los procesos dinámicos, lo que nos lleva a un dato todavía no contemplado: la felicidad supone esfuerzo.

Este libro, que deseo le haga reconsiderar de ahora en adelante el riesgo de asegurar que no es feliz (de tanto decirlo terminará creyéndolo), le pone a su alcance –sin tomar partido por nada en concreto- los múltiples sistemas, métodos y herramientas que dispone el ser humano para ser feliz. Son tantos y la mayoría tan al alcance de nuestras manos, que nos parece imposible que todavía haya gente que se considere infeliz. Bueno, al menos hasta que terminen de leer el libro.

CAPÍTULO 1

Encuestas y estadísticas

Que el destino no nos recuerde, dentro de un año, lo felices que
éramos hoy

Así que la pregunta está en el aire: ¿Es feliz la gente?

Al contrario de los muchos informes de abundante miseria ("Nuestros dolores son muy superiores a nuestros placeres", dijo Rousseau), la gente insiste en que es "bastante" o "muy" feliz y relativamente pocos (alrededor de 1 de cada 10 en muchos países, incluyendo los EE. UU.) afirman ser "no muy felices." Comentarios que se contradicen por el elevado número de consultas psiquiátricas relacionadas con la depresión y la tristeza y con el consumo de antidepresivos. Casi un 30% de la población mundial toma o ha tomado recientemente antidepresivos, y el índice de suicidios sigue aumentando.

El pionero en investigar la felicidad global, Ed Diener, quien realizó 916 encuestas en 1,1 millones de personas en 45 países, utilizando una escala de 0 a 10 (donde 5 es neutro), encontró que la puntuación media estuvo cerca de 7.
Por el contrario, cuando los estados de ánimo de las personas se han muestreado utilizando signos o encuestas políticas nacionales, la mayoría de las personas manifestaron estar habitualmente de mal humor.

Los informes generalmente positivos provienen de personas de todas las edades y de ambos sexos en todo el mundo, con algunas excepciones: las personas hospitalizadas por el alcoholismo o las drogas, los presos recién encarcelados, los nuevos clientes de terapia, los negros africanos durante el apartheid o la emigración forzada, la gente sin hogar, los trabajadores del sexo, y los estudiantes que viven en condiciones de represión política. Pero, repito, al ser encuestados, hay una cierta tendencia de la gente a decir cosas buenas (como si estuvieran votando) y no quieren hablar de cosas malas (trae mala suerte).

La felicidad, sin embargo, varía un poco según el país. Recientes datos (1999 a 2001) recogidos por Ronald Inglehart en 82 países indican que el mayor índice de felicidad y satisfacción con la vida está en Puerto Rico, México, Dinamarca, Irlanda, Islandia y Suiza, y el más bajo en Moldavia, Rusia, Armenia, Ucrania, Zimbabwe e Indonesia.

¿Quién es feliz?

Características de la gente feliz:

Podemos apreciar que hay extraversión, autoestima, optimismo y un sentido de control personal que nos hace pensar que llevan una vida feliz. Estudios en gemelos revelan que algunos de estos rasgos, como la extraversión, están genéticamente influenciados, lo mismo que la felicidad misma, pero también está sujeta al control de la voluntad, al querer hacer.

Vamos a ver cómo influyen ciertos factores:

Edad:
La emotividad disminuye con la madurez y la felicidad cambia con la edad (como la satisfacción con la salud, por ejemplo, que se vuelve más importante). Sin embargo, las encuestas mundiales de valores indican que tiene que ver con la vida útil. Por ejemplo, la felicidad autopercibida cae bruscamente en los hombres durante los 40s con la "crisis de la mediana edad" o más adelante con el "síndrome del nido vacío" de los padres.

Género:
Hay diferencias de género relacionadas con la infortunio emocional. Los varones a menudo se vuelven alcohólicos,

mientras que las mujeres con más frecuencia manifiestan su desdicha y se muestran deprimidas o ansiosas. Sin embargo, en muchas encuestas en todo el mundo, las mujeres y los hombres han sido igualmente propensos a declararse "muy felices" y "satisfechos" con la vida.

Estudios:
Los afroamericanos tienen sólo ligeramente menos probabilidades que los europeos-americanos para manifestar sentirse muy felices. A igualdad de estudios, los negros tienen niveles de autoestima igual o superior a la de los blancos.

Trabajo:
Las personas en los grupos desfavorecidos económicamente, mantienen la autoestima valorando las cosas en las que destacan, al hacer comparaciones dentro de sus propios grupos, y atribuyendo los problemas a fuentes externas, al igual que los prejuicios.

Ocio:
Parece que la calidad de vida en el trabajo y el ocio son parte de las habilidades de cada uno. Entre la ansiedad de estar abrumado por el trabajo y el aburrimiento de estar decepcionados con los ratos libres, hay bastante paralelismo. Las vacaciones largas, terminan siendo aburridas.

Las relaciones sociales:
Los seres humanos son animales sociales, con una evidente necesidad de pertenecer. Aunque la libertad es un concepto perseguido, realmente se busca siempre la pertenencia a un grupo. Para la mayoría de la gente, el aislamiento es la miseria. Tener buenos amigos, familia, y estar con ellos, es un placer.

Matrimonio:

En las encuestas del Centro Nacional de Investigación de Opinión de más de 42.000 estadounidenses desde 1972, el 40 por ciento de los adultos casados se han declarado muy felices, al igual que el 23 por ciento de los adultos que nunca se casaron.

La dificultad para la felicidad conyugal también se da en otros países, y es similar para hombres y mujeres. Las dirección entre el matrimonio y la felicidad parece apuntar hacia dos cosas: un matrimonio íntimo, al igual que las amistades cercanas, ofrecen apoyo social; pero la gente feliz también parece tener más probabilidades de atraer y retener amigos.

Creencias:

La fe hace a la gente feliz. Las mismas encuestas del Centro Nacional de Investigación de Opinión revela que el 23 por ciento de los que nunca asisten a servicios religiosos informan que son muy felices, al igual que el 47 por ciento de los que asisten una o más veces por semana. Al explicar la mayor felicidad y la capacidad de hacer frente a la pérdida de seres queridos entre quienes se mueven en comunidades de fe, se confirma que estas redes pueden ofrecer apoyo social, y ayudan a entender el significado de la muerte, eliminando el "terror" de lo inevitable.

Riqueza y bienestar:

A principios del siglo XXI, los economistas y los defensores de la sostenibilidad del medio ambiente, llegaron a compartir el interés de los psicólogos para averiguar en qué medida el dinero y el consumo pueden traer la felicidad. Tres de cada cuatro estudiantes universitarios estadounidenses (en las encuestas anuales de la UCLA) dicen que es muy importante o esencial "estar muy bien financieramente", y el 73 por ciento de los estadounidenses en 2006 respondió "sí" cuando Gallup preguntó "¿Podría ser más feliz si tuviera más dinero? "

¿Son las personas más felices si viven en los países ricos? Hay una cierta tendencia a que las naciones prósperas tengan personas más felices y más satisfechas (aunque esto también tiende a darse en los países con alto nivel de alfabetización, donde hay derechos civiles y democracias estables). Sin embargo, la correlación entre la riqueza nacional y el bienestar se estrecha por encima de un cierto nivel.

Aunque muchos investigadores han encontrado que la correlación entre el ingreso económico personal y la felicidad es "sorprendentemente débil" (como informó Ronald Inglehart en 1990), las encuestas recientes indican que la relación es curvilínea: la asociación entre el ingreso y la felicidad disminuye progresivamente una vez que la gente tiene ingresos suficientes para costear las necesidades de la vida.

Así que debemos concretar si es cierto que la felicidad de un pueblo se eleva con el aumento de la riqueza. La respuesta es claramente no. El crecimiento económico en los países ricos no ha mejorado demostrablemente la moral y la felicidad humana. Lo mismo ocurre con China, donde las encuestas de Gallup desde 1994 revelan un enorme aumento en los hogares con televisión en color y teléfono, pero la satisfacción de vivir ha quedado disminuida.

Estos resultados han llevado a Ed Diener y Martin Seligman a colaborar con la Oficina del Censo en la elaboración de nuevos "indicadores nacionales de bienestar subjetivo."

Experiencias positivas:
Los psicólogos han tratado de explicar por qué las circunstancias objetivas de la vida -experiencias positivas especialmente- tienen tan modesta influencia a largo plazo sobre la felicidad. Una explicación es nuestra capacidad humana de adaptación. Más pronto de lo que podríamos esperar, la gente se adapta a las

mejoras o pérdidas en su vida y vuelve a calibrar sus emociones en torno a un nuevo "nivel de adaptación." Por lo tanto, las emociones tienen una vida media más corta de lo que la mayoría de la gente supone. Quizá es que una vez alcanzado cierto umbral, necesitamos siempre subir un escalón más.

La felicidad no sólo refleja nuestras adaptaciones a las experiencias recientes, sino también nuestras comparaciones sociales. "El césped del vecino siempre nos parece más verde que el nuestro". Y cuando la gente sube la escalera del éxito, tienden a comparar lo que hay más arriba. Siempre hay un piso más. Y con el aumento de la desigualdad de los ingresos, como en la China contemporánea, mucho me temo que la felicidad de nuevo se escape. En la mayoría de los países, es probable que siempre tengamos ejemplos disponibles de personas que están en una mejor situación y a la cual nos gustaría llegar. Esta tendencia a compararnos con el vecino nos lleva a la insatisfacción, salvo que nuestro vecino esté peor que nosotros, en cuyo caso los momentos de felicidad aumentan. En los experimentos, las personas que participan en una comparación a la baja -comparándose con los empobrecidos o de poco éxito- expresan una mayor satisfacción con la propia vida y se consideran afortunados.

CAPÍTULO 2

LA FELICIDAD POR EL RACIOCINIO

Que las canas de la tristeza, se tiñan con la alegría

Veamos, de ahora en adelante, algunos de los sistemas disponibles para ser felices y que no dependen de la economía, ni de valores comparativos.

2.1. PNL (programación neurolingüística)

Es un enfoque de la psicoterapia que insiste en el cambio sobre el modo de organizar la vida, mediante nuevos modelos basados en un sistema de comunicación interpersonal que busca una adecuada relación entre las conductas de éxito y el pensamiento.

Esta terapia procura educar a las personas en la autoconciencia y la comunicación efectiva, e intenta cambiar definitivamente la conducta mental y emocional que ha llevado al fracaso o la tristeza. En este tipo de programación se emplean técnicas muy eficaces para que los momentos desagradables o trágicos de la vida no se perpetúen, y que simplemente mirando en el interior de la mente se encuentren las respuestas para superar las dificultades, para sanar cualquier herida, para salir adelante.

No persigue edulcorar la vida, ni minimizar los malos momentos, sino simplemente en afrontar la realidad y moverse en el sentido correcto. Es un sistema de acción.

Según insiste la PNL, nuestra mente tiende a centrarse en ciertas cosas, y evitar la dispersión, pero el entorno debería ser tenido en cuenta. Por ejemplo, en un estadio deportivo abarrotado lleno de imágenes y sonidos, podemos concentrarnos en aquello que dice la persona que está a nuestro lado, aunque ello suponga que perdamos algunas jugadas de interés. Si pretendemos escuchar superficialmente, podemos cambiar nuestro enfoque sobre la importancia de lo que se está diciendo, en cuyo caso es probable que no escuchemos nada del mensaje. Toda nuestra vida es así;

una serie copiosa de elementos que entran en nuestra mente, de información y distracciones. Nuestro enfoque determina lo que vamos a hacer con parte de nuestras vidas.

A veces nuestro inconsciente nos ayuda a controlar en lo que nos estamos centrando, pero con frecuencia nos lleva a situaciones no agradables. A través de nuestros pensamientos y comportamientos anteriores, programamos nuestro inconsciente para esto, como una especie de ordenador. Un programa de alerta puede ser importante cuando los hijos están en peligro, y en ese momento la dispersión se elimina a favor de la respuesta. Esto mismo ocurre cuando la situación de peligro es dolorosa. No hay manera de impedir que ocupe el lugar de preponderancia en nuestros pensamientos.

Así, en una barbacoa familiar, podemos estar hablando y riendo con los amigos, y no prestar demasiada atención a los hijos en el patio trasero. Sin embargo, si los niños comienzan a dar gritos, el inconsciente de inmediato sale a relucir, y cambia nuestro enfoque hacia los niños.

Los programas que tenemos en nuestro cerebro también se conocen como "creencias", las reglas que dan sentido a toda la información sensorial y que navegan a través de nuestras vidas. Ahora se dice que en ellas parece estar el truco para la felicidad y esa gente "positiva", que parecen tener tanta suerte, simplemente es porque tienen creencias "positivas". Esto significa que siempre se centran en el lado positivo de cualquier situación (seguramente es que todas las situaciones tienen un lado positivo) y que tranforman cualquier tormenta en una experiencia positiva de vida. Pueden hacerlo intencionadamente, pero también pueden tener un montón de creencias positivas programadas en el cerebro que ayudan a asegurar esto. Sus creencias determinan el enfoque, pero como no basta con creer o desear, para tener, algo más deben hacer.

La PNL nos asegura que nuestro cerebro escogerá preferentemente las cosas fuera del entorno que se ajusten a las creencias que tenemos, y llevando el pensamiento en esa dirección, se descarta la entrada que no coincide. Parece fácil, y para un mejor entendimiento estos son algunos ejemplos de creencias negativas y positivas (programación), y cómo podrían afectar a nuestra vida:

Creencia Negativa: Nadie me quiere (o esa persona en concreto).
Resultado de la creencia negativa: Noto y me centro en cada pequeña cosa que quepa en esta creencia. Si mi esposa es gruñona conmigo, debe significar que no me ama.
Creencia Positiva: soy amado (me ama).
Resultado de la creencia positiva: Noto y me centro en cada detalle que quepa en esta creencia. Si mi esposa es gruñona, debe significar que necesita que la abrace. O, tal vez no es que esté siempre de mal humor, quizá es que debe estar cansada.

Creencia Negativa: Mi madre es muy absorbente.
Resultado de la creencia negativa: Noto y me centro en cada pequeño detalle que consolide esta creencia. Hasta el regalo que me hizo el día de mi cumpleaños era para controlarme, para decirme cómo debía ser. Siempre me doy cuenta cuando hace algo que me resulta molesto.
Creencia Positiva: Mi madre es muy cariñosa.
Resultado de la creencia positiva: Percibo y me centro en todo lo que cabe en esta creencia. El regalo que me hizo es una prueba de su afecto hacia mí. Si ella hace algo que me molesta, realmente no le doy importancia.

Creencia Negativa: Nada me sale bien. ¡Qué mierda de vida!
Resultado de la creencia negativa: Percibo y me concentro en cada pequeña cosa que quepa en esta creencia. ¿Cómo afecta esto a mi

vida social y laboral? Si sigo así, terminaré por aburrir a las personas que me rodean.

Creencia Positiva: Las cosas suelen ir bien para mí.

Resultado de la creencia positiva: Noto y me centro en cada pequeña cosa que quepa en esta creencia. Si miro el lado hermoso de mi vida, mi optimismo se contagiará.

Hay que entenderlo: cada vez que nos damos cuenta de algo que se adapta a nuestra creencia, creemos que ocurre con mayor frecuencia, y se vuelve como un hecho. A continuación, nuestro cerebro nos mostrará aún más cosas que encajan en estos hechos, sean reales, ficticias o –simplemente- exageradas.

Es posible que pensemos que las creencias realmente cambian la vida, o simplemente lo queremos ver así. Las dos cosas. Cuando las creencias se convierten en hechos, nuestro inconsciente tiende a apoyar las acciones que hacen que sea cierto. O sea, modificamos nuestro comportamiento. Al final, tenemos la vida que pensamos vivir, como consecuencia de nuestras creencias. El destino siempre está en nuestras manos.

¿Qué espera conseguir cuando afirma que "Mi trabajo es una mierda"? ¿Lo cree sinceramente o solamente lo dice reiteradamente para buscar cómplices emocionales? ¿No hay gente agradable en su trabajo? Seguramente, sí. Busque al menos cinco personas que sonríen cada vez que esté trabajando, en lugar de ver a la gente con el ceño fruncido. Puesto que piensa que la gente es agradable, siempre estará sonriendo, y la gente tiende a devolverle la sonrisa. Para usted, todo el mundo es agradable. No es un iluso; ve la realidad.

Debe tener el propósito de asumir el control de su vida mediante el examen de las cosas que usted piensa, incluso si parecen ser "hechos". Ver si está absolutamente seguro de que tiene que ser así. Usted decide su destino y, especialmente, sus pensamientos. Quizá necesite un aprendizaje, pero sepa que también se aprende a ser infeliz. La creencia más positiva es posible y estas creencias positivas seguro que traerán resultados positivos.

Vamos a ver cómo podría funcionar esto:

Creencia negativa actual: Soy pobre.
Posible creencia, más positiva: Estoy ganando más ingresos que antes. Gano poco, pero gano.
Gran creencia, realmente positiva: Soy rico si me comparo con los pobres que me rodean.

Creencia negativa actual: Mi pareja me odia.
Posible creencia, más positiva: Mi pareja parece odiarme pero se preocupa por mi.
Gran creencia, muy positiva: Debería ser más amable con mi pareja.

Creencia negativa actual: Soy poco atractivo.
Posible creencia, más positiva: Si me arreglo, soy bastante bien parecido.
Gran creencia, realmente positiva: Tengo carisma.

¿Qué tipo de cosas se instalarían en su cerebro si lleva a cabo cada una de esas creencias? ¿Por qué tiene que esperar la opinión de los demás para consolidar una creencia? ¿No se da cuenta de que usted gestiona su felicidad o su tristeza?
Por lo tanto, y aunque le parezca un tema complejo, espero que se convenza para que por lo menos trate de examinar algunas de sus creencias, y ver si no puede hacer que simplemente, por lo menos,

sea un poco más positivo. No hay situación adversa en su vida que no pueda mirarla desde un punto de vista más positivo.

Todo lo que necesita hacer es sacar un lápiz y papel y empezar a escribir lo que cree acerca de un tema. Mire cada declaración sobre su modo de pensar y reescríbalo de nuevo. Tiene libertad para hacerlo. Deje fluir a su insconciente para que se centre en satisfacer esta creencia que necesita. Piense con serenidad: ¿Tiene necesariamente que ser así? ¿Qué necesita para tener una creencia más positiva? Anótelo como si estuviera dando un consejo a un amigo.

Su nueva creencia puede parecer que no coincide con la realidad. Es normal al principio, pero no se preocupe por eso. La nueva programación necesita un tiempo para instaurarse y contrarrestar los años de programación anterior. Sólo recuerde que está determinado a cambiar su modo de pensar y no se preocupe de más. Su nueva creencia se convertirá en realidad muy pronto.

2.2. Inteligencia emocional

No te preocupes demasiado por los problemas que crees te llegarán, pues las cosas malas vendrán de donde menos te lo esperas.

La inteligencia emocional es la capacidad para reconocer sentimientos propios y ajenos, y la habilidad para manejarlos. El término fue popularizado por Daniel Goleman, con su célebre libro: "Emotional Intelligence", publicado en 1995. Goleman estima que la inteligencia emocional se puede organizar en cinco capacidades: conocer las emociones y sentimientos propios, manejarlos, reconocerlos, crear la propia motivación, y gestionar las relaciones.

Cuando estamos emocionalmente perturbados, solemos decir que "no podemos pensar bien" y esto explica por qué la tensión emocional prolongada puede obstaculizar las facultades intelectuales y el raciocinio. Las personas así afectadas, a menudo son problemáticas y parecen tener un escaso control sobre sus impulsos límbicos. Estas personas suelen fracasar en su trabajo y relación social, pero no tanto porque su potencial intelectual sea bajo sino porque el control sobre su vida emocional se halla severamente restringido.

Las emociones son importantes para el ejercicio de la razón. Entre el sentir y el pensar, la emoción guía nuestras decisiones, trabajando con la mente racional y capacitando -o incapacitando- al pensamiento mismo. Del mismo modo, el cerebro trata de encauzar nuestras emociones, exceptuando aquellos momentos en que todo se desborda y el cerebro emocional asume por completo el control –o descontrol- de la situación. En cierto modo, tenemos dos cerebros o dos mentes, y dos clases diferentes de inteligencia: la inteligencia racional y la inteligencia emocional; nuestro funcionamiento vital está determinado por ambos.

Numerosos expertos en el comportamiento humano cuestionan el valor de la inteligencia racional como generador de felicidad y éxito en el ejercicio de vivir, en los diversos ámbitos de la familia, los negocios, la toma de decisiones, el desempeño profesional, etc. Lo que nadie duda es que el Cociente Intelectual no es un buen predictor del desempeño exitoso, ni mucho menos de la felicidad. Es como si inteligencia y felicidad fueran antagónicas. La inteligencia pura no garantiza un buen manejo de las vicisitudes que la vida nos presenta y se requiere algo más para tener éxito en la vida.

La Inteligencia Académica, la cultura -mejor dicho-, tiene poco que ver con la vida emocional, y las personas más triunfantes en la universidad pueden hundirse en los peligros de pasiones desenfrenadas o impulsos incontrolables. Eso no quiere decir que la incultura nos lleve a la felicidad, ya que existen otros factores como la capacidad de motivarse y persistir frente a decepciones, controlar los impulsos, regular el humor, evitar que los trastornos disminuyan la capacidad de pensar, mostrar empatía, etc., que constituyen un tipo de Inteligencia distinta a la Racional y que influyen más significativamente en el desempeño de la vida.

El concepto "Inteligencia Emocional" enfatiza el papel preponderante que ejercen las emociones dentro del funcionamiento psicológico de una persona cuando ésta se ve enfrentada a momentos difíciles y tareas importantes: los peligros, las pérdidas dolorosas, la persistencia hacia una meta a pesar de los fracasos, el enfrentar riesgos, los conflictos con la pareja. En todas estas situaciones hay una implicación emocional que puede dar lugar a una acción que culmine de modo exitoso o bien interferir negativamente en el desempeño final. Cada emoción debe ir acompañada por la acción, de manera que el repertorio emocional de la persona y su forma de operar influirá decisivamente en el éxito o fracaso que obtenga en las tareas que emprenda.

Veamos un ejemplo: "Estoy contento con los nuevos zapatos que me he comprado." "Estoy feliz por el nacimiento de nuestro hijo."

Estoy contento y estoy feliz. ¿Nos referimos a la misma sensación? Parece que tenemos una creciente obsesión con la "felicidad", y aunque la palabra es agradable, sospecho que estamos perdiendo objetividad. "Buscar la felicidad", como algo que debemos encontrar y coger, nos socaba el bienestar presente.

Cuanta más importancia damos a ser felices, más infelices y deprimidos estamos.

Con frecuencia, cuando se pregunta a los padres sobre ¿qué es lo que más desea para sus hijos?, el 73% dio su puntuación más alta en "la felicidad." Desafortunadamente, investigaciones recientes sugieren que la felicidad –la obsesión por alcanzarla o proporcionarla- conduce a una disminución precisamente en las herramientas que nos conducirían a ella. El fin nos impide encontrar el modo. Quizá deberíamos interpretar antes las palabras mismas, cuando hablamos de felicidad.

¿La felicidad crea infelicidad?

Menuda paradoja. Durante nuestra vida hacemos frecuentes inversiones afectivas en familia, amigos, para ser felices. Con el tiempo, reconocemos que tanto esfuerzo no ha proporcionado los réditos que esperamos y aunque hay beneficios, no son suficientes y entramos en la tristeza. Aumentamos las emociones negativas y las positivas ocupan un segundo plano. Pero es fácil cambiar el orden y cuando lo consigamos podemos hacer frente a los momentos difíciles.

En esta búsqueda de la felicidad, la gente a menudo rechaza los sentimientos difíciles –huye de ellos- no quiere nada ni nadie negativo en su vida. Hasta tal punto se ofusca, que ha suprimido las palabras peyorativas de su diccionario cotidiano. Cree que si escuchan o ven algo malo o triste, les llegará irremediablemente. Nuestras neuronas espejo tienen la culpa, dicen. Así que de lo que se trata, según esa teoría de la Neurociencia, aunque no podemos sentir a voluntad lo que otra persona siente, nuestras neuronas pueden hacer el trabajo por nosotros, pues no diferencian entre lo que hace uno mismo y lo que hace otro. Quizá esta teoría es absurda.

El conocimiento del otro nos ayuda y también sus intenciones, aunque no siempre estemos de acuerdo. Empatía no implica simpatía. Sin embargo, la cualidad humana de adoptar nuevos puntos de vista distintos a los propios enriquece.

Es posible que en una ocasión haya dicho: "Yo debería ser feliz, pero no lo soy". En el pensamiento budista insisten en que el desajuste entre las expectativas y la realidad es una causa de infelicidad. Quizá hay demasiada resignación en este pensamiento y aunque sea budista, no tenemos que estar de acuerdo. Luche por su felicidad, y no sea demasiado realista; **los sueños se alcanzan con frecuencia**.

Sospecho que muchos de nosotros caemos en una trampa: Se supone que debemos ser felices, y al tratar de ser así, nos empujan a un lado los sentimientos que parecen contrarios a la felicidad. Suprimimos –reprimimos- los sentimientos incómodos, pensando que van hacer espacio para la felicidad, pero cuando suprimimos cualquier sentimiento, distorsionamos a los otros. No hay un lugar específico para aumentar la felicidad, y el rechazo de esos sentimientos "negativos" simplemente crea nuevos problemas. No vemos la realidad.

Peor aún, este favoritismo emocional hace que sea extremadamente difícil seguir adelante y la debilidad emocional se afianza. Sería como un niño a quien sus padres no le llevan a la escuela para que no entre en posibles conflictos con sus compañeros.

Las emociones sirven para señalar oportunidades y amenazas, y así desarrollamos la capacidad para resolver problemas. Del mismo modo que utilizamos los datos matemáticos para resolver problemas de matemáticas, usamos los datos emocionales para resolver problemas emocionales.

En el deseo intenso de ser felices, si rechazamos la tristeza e intentamos ponernos en marcha en el "camino de la felicidad", paradójicamente perdemos todos los datos que nos ayudarán a encontrar una felicidad más profunda y duradera.

2.3. Gestalt

Para alcanzar algo que nunca has tenido, tendrás que hacer algo que nunca hiciste.

Creada en 1940 por Frederick (Fritz) y Laura Perls, se enseña a percibir, sentir y actuar, evitando las interpretaciones puramente personales. Para ello se establece el diálogo como terapia, es decir, comunicar los puntos de vista donde quedan patentes las diferentes perspectivas. El objetivo es que las personas sean conscientes de lo que están haciendo, cómo lo están haciendo, y cómo pueden cambiarse a sí mismos, y al mismo tiempo, aprendan a aceptar y valorarse a sí mismos.

No se insiste en lo que se sintió, sino en aquello que se siente en el momento presente, dando una importancia extrema al hecho de que estamos vinculados y conectados a todas las cosas y personas. Mediante el afianzamiento de que la vida se asienta en las relaciones, esta terapia nos recuerda que **la existencia consta de picos y valles**.

Esta técnica proporciona información sobre las formas en que podemos aliviar nuestro sufrimiento actual y también aspirar a nuestro máximo potencial.

La mente configura los elementos que llegan a ella a través de los canales sensoriales (percepción) o de la memoria (pensamiento, inteligencia y resolución de problemas), y es la suma de estos elementos lo que nos lleva a la comprensión de la solución.

La esencia de esta terapia se puede resumir así: *"La percepción humana no es la suma de los datos sensoriales, sino que pasa por un proceso de reestructuración que configura a partir de esa información una forma, una **gestalt**, que se destruye cuando se intenta analizar, y esta experiencia es el problema central de la psicología".*

Gestalt es un término alemán que puede traducirse malamente por "forma", "totalidad", o "configuración", pues la forma de cualquier cosa está compuesta de una "figura" y un "fondo", una configuración. Algunas situaciones que nos preocupan y se sitúan en el momento actual como "figura", pueden convertirse en situaciones poco significativas, pasando entonces al fondo. Cuando ello ocurre cerramos una Gestalt, nos concentramos en el "fondo" y surge entonces otra Gestalt motivada por una nueva necesidad. Este ciclo de abrir y cerrar Gestalts es un proceso permanente, que se produce a lo largo de toda nuestra existencia.

Quizá parece un poco complejo, pero la idea es realizar un enfoque holístico, percibir al individuo en su totalidad, pues "el todo es más que la suma de las partes"; nada existe por sí solo, aislado. Hay que variar, por tanto, el "enfoque" de nuestros deseos, un nuevo estilo de vida. Para ello hay que comenzar a percibir aquello que nos rodea y no teníamos en cuenta, tanto anímicamente como físico, viendo, palpando, oliendo, gustando. Después nos interiorizamos y percibimos con intensidad aquello que ocurre debajo de nuestra piel: las tensiones musculares, los tics, sensaciones molestas, escozores, temblores, sudoración, y hasta la respiración. Poco a poco percibiremos que estamos ejerciendo demasiada presión al escribir o que nos apoyamos mal sobre la espalda, o que nuestro corazón se empeña en latir con demasiada intensidad.

Finalmente, llegamos a la parte más gratificante, a nuestra fantasía, construyendo el mundo a nuestro placer. Hay que imaginar, adivinar, pensar, planificar, anticiparse al futuro, etc. Siempre pensando de forma exclusiva en el mañana, en escribirlo, siendo esta la verdadera razón de la Gestalt, la irrealidad, la fantasía, el mundo deseado. Puesto que el presente es efímero, que solamente nos queda el mañana, todo el mundo que deseamos está en nuestra imaginación, lo más saludable de la condición humana.

La Gestalt implica un retorno a la percepción ingenua, a la experiencia inmediata, no viciada por el aprendizaje. Nos lleva a comprobar que normalmente no percibimos conjuntos de elementos, sino unidades de sentido estructuradas, formas. La conciencia abarca mucho más que el ámbito de la conducta.

Según Wolfgang Köhler, antiguo Presidente de la asociación Americana de Psicología y uno de los principales teóricos de la Psicología Gestalt, la palabra *gestalt* se emplea en alemán con dos acepciones. Denota, a veces, la figura o la forma como una propiedad de las cosas. Otras, -en sus palabras- *"una entidad concreta individual y característica, existente como algo separado y que posee figura o forma como uno de sus atributos"*. Se aplica a características tales como la cuadratura o triangularidad de las figuras geométricas, o a la apariencia espacial distintiva de los objetos concretos, tales como mesas, sillas y árboles. Debemos remarcar que la aplicación del término no se limita, por supuesto, al campo visual, y ni siquiera al campo sensorial en su conjunto. Aprender, pensar, procurar, actuar, han sido tratados todos como *gestalten*.

Difícil de entender, en apariencia, pero veamos un diálogo con una persona que demanda ayuda:

1. Comienzo.

Se trata de entender tanto como sea posible la experiencia del otro sin juzgar, analizar o interpretar, pero manteniendo al mismo tiempo una sensación de presencia independiente y autónoma. La persona debe percibir que está acompañada y que es entendida correctamente. Con ello se proporciona un ambiente de seguridad y al comunicar la comprensión de la experiencia del paciente, se le ayuda a la auto-conciencia.

2. Presencia.

Mientras se le escucha, se expresan comentarios sobre sus preferencias, sentimientos, experiencias personales y pensamientos, pero compartiendo siempre el punto de vista del cliente, lo que ayuda a reforzar su confianza. Si el terapeuta se basara en una interpretación diferente, dando aparentemente otro punto de vista ¿más inteligente?, le llevaría a depender de fenómenos que no forman parte de su propia experiencia inmediata. En la terapia Gestalt el terapeuta no utiliza su presencia y conocimientos para manipular al paciente a cumplir unos objetivos preestablecidos, sino que le alienta a que se regule de forma autónoma.

3. Compromiso.

El contacto es algo más que dos personas una frente a otra. El contacto es algo que sucede entre las personas, algo que surge de la interacción entre ellos. El terapeuta Gestalt admite que se trata de un proceso interpersonal y esto le permite no manipular ni crear dependencia.

4. El diálogo se intensifica.

El diálogo es algo más que hablar. Hay que buscar manifestar emociones y emprender de forma inmediata una acción. Una contribución importante es que se incorporan otras formas de dialogar no puramente verbales. Sin embargo, la interacción está limitada por la ética, la idoneidad y la tarea terapéutica.

En el tratamiento del paciente infeliz, los terapeutas de la Gestalt no le permitirán hablar sobre su pasado y solamente insisten en cómo se siente ahora, no se buscan las lágrimas pasadas. Se tienen en cuenta los problemas de hoy en día, seguramente menores que antaño, pero buscando todos los detalles que configuran lo cotidiano. En otras palabras, hay que conectar todas las pequeñas partes de la vida antes de centrarse en la persona. No podemos afinar una guitarra con una sola cuerda, y si una sola está desafinada, los resultados acústicos son malos. Cuando todo está correcto, los resultados son buenos.

Hay que prestar atención a todo cuanto envuelve a la persona, incluso a aquellas partes que aparentemente están correctas. Prestar atención a los pequeños problemas que pueden estar afectando a toda la melodía de su vida. La tristeza quizá no provenga de una sola fuente, trabajo, escuela, cónyuges, niños, vida social, o los procesos mentales, sino de la suma de ellos. Todo debe unirse para hacer un todo nuevo sano y feliz.

2.4. Psicología

Las cosas que más nos esforzamos en ocultar, son las más fáciles de ver.

La Psicología explora conceptos como la percepción, atención, motivación, emoción, el funcionamiento del cerebro, la inteligencia, la personalidad, las relaciones personales, la consciencia y la inconsciencia. Para todo ello, emplea métodos empíricos cuantitativos de investigación analizando y comprendiendo el comportamiento.

Lo que entendemos por felicidad (y bienestar)

A pesar de que la felicidad se abre camino en la lista de nuestros objetivos, definir el término no siempre es fácil pues obviamente es individual y subjetivo, y con frecuencia nubla el entendimiento.

Así que para realmente poder familiarizarse con el tema tenemos que reconocer que feliz significa no sólo estar sonriente, y contrariamente a la creencia de la mayoría de los niños (y probablemente también a muchos adultos), conseguir todo lo que deseamos no es la clave de la verdadera felicidad.
Esto se ilustra bien por la distinción entre hedónico y felicidad. La primera se refiere a las experiencias placenteras, pero estas por sí solas no son suficientes y es posible que **incluso el Paraíso se convertiría en aburrido después de un tiempo**.

Felicidad viene de lograr algo que nos parece que vale la pena, y requiere un sentido de propósito y unidad. La felicidad puede también verse influida por una serie de factores de la vida -las relaciones, el dinero, el trabajo, la salud, el altruismo-, todos ellos ligados a la felicidad real.

Así que la felicidad tal vez puede ser más útil considerarla bajo el término bienestar. Aunque menos reconocible que la felicidad, el bienestar es a menudo preferible en las discusiones de la felicidad colectiva, ya que es más objetivo y se puede medir más fácilmente y saber cuáles son los mecanismos de mejora.

La ciencia de la felicidad

Tradicionalmente, la psicología y su hermana mayor la psiquiatría, ha estado preocupada por curar nuestros males, pero no estamos seguros de que se hayan hecho muchos progresos hacia esta meta. Más recientemente, la atención se ha ampliado para incluir la toma de productos químicos que abreviarían el camino hacia la felicidad y que en otro capítulo detallaremos. De lo que se trataría es de llegar al bienestar psicológico positivo a partir del cual lograríamos la felicidad. La siguiente cita da una idea de la percepción anterior:

"Un fenómeno importante e indiscutible en el estudio psicológico de la felicidad se conoce como adaptación y la alegría o la tristeza dependen básicamente de ella".

Pero cuidado con la "aceptación", frecuentemente ligada a resignación, ya que nada puede tener un efecto permanente y la felicidad no se escapa a esta ley. El ser humano es una especie dominada más por la acción que por la reflexión y nada en nuestro interior nos indica otro camino diferente.

También es cierto que tratar de hacerse feliz a uno mismo es inútil, así que esa creencia de que la felicidad no puede depender de los demás deberíamos cuestionarla. **Frase trampa donde las haya es "hay que ser feliz con uno mismo"**. Necesitamos al grupo y aunque la naturaleza ha condenado a los hombres a vivir en una rutina hedonista, buscando nuevos niveles de estimulación simplemente para mantener los viejos niveles de placer subjetivo, casi nunca se logra alcanzar una satisfacción permanente. Así que, muy probablemente la hipótesis de que podemos tratar de mejorar la propia felicidad es inútil, pues la felicidad está determinada en su totalidad por una combinación de genes y de efectos aleatorios, la mayoría de los cuales dependen del entorno.

Afortunadamente, ahora tenemos una comprensión mucho mejor de dónde viene nuestra felicidad individual, y la mayoría admite que estos factores pueden estar influenciados, aunque el 50% - genética y personalidad- son difíciles de cambiar. Aún nos queda un 40% que proviene de nuestras actividades y relaciones, y el último 10% de los ingresos y el medio ambiente, lo que significa que hay un amplio margen para mejorar lo felices que somos.

También entendemos que la felicidad no depende, como se pensaba, de un espectro económico, y que menos miseria no necesariamente significa más felicidad. La pobreza, obviamente, tampoco hace feliz a casi nadie. Esta toma de conciencia es en realidad bastante instintiva, pero hasta hace relativamente poco ha sido ignorada por aquellos que desean explorar la ciencia de la felicidad. Imposible comprarla, pero algo podemos hacer para mejorarla. **¿Podemos comprar el amor? Seguramente, no, pero podemos comprar el entorno favorable al amor.**

Es importante tener en cuenta el carácter científico del estudio del bienestar psicológico, que incluye la comprensión de la estructura del cerebro, las reacciones químicas implicadas y cómo diversos sistemas están interconectados. La felicidad en este nivel realmente se ha convertido en una ciencia, con las afirmaciones hechas sobre la base de pruebas metodológicas sólidas. Por desgracia, la psicología positiva se confunde a menudo con el pensamiento positivo, que carece de evidencia científica para sus pretensiones, aunque es un concepto más familiar para muchos.

Fundamentalmente, los medios de conocimiento y la evidencia que hemos ido adquiriendo ahora nos demuestra que estamos preparados para llevar a cabo una acción positiva, un camino correcto. Podemos, en efecto, crear felicidad, dotando a los demás con este conocimiento y con las habilidades necesarias para vivir y enriquecer la vida, en un ambiente que los apoye para ello.

El aumento de la felicidad

Entonces, ¿podemos realmente hacer "crecer" la felicidad? Generalmente se acepta que se pueden tomar medidas para aumentar la felicidad individual y colectiva, y todos los capítulos de este libro están dirigidos a identificar las estrategias basadas en la investigación para hacerlo. Además, vale la pena señalar que la economía no ha sido despreciada en este camino, así que **quien acuñó el refrán de "el dinero no da la felicidad" confundió durante años a las personas**. El dinero quizá nos nos asegure la felicidad, pero la miseria tampoco es el camino.

Como ya sabemos, las personas parecen ser "más felices" cuando su dinero aumenta, pero no indefinidamente. Después de un cierto punto, deja de tener un impacto. Más allá del momento en que se satisfacen las necesidades, parece que la felicidad y la sociedad materialista son cada vez más incompatibles, pues la búsqueda del dinero y los bienes materiales puede ir en detrimento de los placeres más fundamentales de la vida.

En lo que todos parecen estar de acuerdo es en que tenemos poca capacidad para desarrollar la felicidad. Medios hay en abundancia, y quizá nuestro deseo intenso de lograrla suponga el mayor freno, pues magnificamos sus efectos. Cuando no la perseguimos, volvemos de nuevo a un estado placentero que se asemeja a la felicidad como sentimiento intenso. ¡Qué paradoja!

Esto explica por qué los ganadores de un premio de lotería y aquellos que han sufrido una enfermedad grave y se han curado, puede aparecer igualmente "felices" una cierta cantidad de tiempo. Pero también se ha sugerido que con el tiempo, este punto de ajuste se puede cambiar de manera fundamental. Por fin podremos desenrredar esta cinta sin fin, aunque seguiremos encontrando fluctuaciones.

Medir la felicidad

Con el fin de saber si estamos aumentando la felicidad, tenemos que encontrar una forma de medirla, lo que parece difícil, porque tenemos que fiarnos del autoinforme de las personas que se confiesan felices.

Al llevar a cabo las mediciones también tenemos que ser consciente de la distinción entre causalidad y correlación. Tenemos algunos datos que muestren una "asociación" entre cierto tipo de actividad y los niveles de felicidad o satisfacción. Por ejemplo, la pertenencia a un club o sociedad se asocia con una mayor satisfacción, pero si la pertenencia condujo a la felicidad o no es, obviamente, una distinción importante.

A nivel occidental, el grado de felicidad o de satisfacción se ha registrado durante 70 años en algunos países, y en todo este tiempo se ha mantenido bastante estable, incluso cuando otras variables podrían haber incidido. Por ejemplo, en los países donde la economía ha aumentado, la felicidad sigue siendo constante. El consenso general es que la medición del bienestar requiere un tablero de instrumentos y medidas complejo.

Marcos

Si el objetivo es aumentar la felicidad, también es necesario explorar quién tiene la responsabilidad de hacerlo. Mientras que los individuos pueden ser equipados para aumentar su propia felicidad, las instituciones que los rodean también tienen un papel que desempeñar en la creación de un entorno que fomente la felicidad. Los gobiernos y los organismos internacionales están tomando cada vez más en cuenta el efecto de sus políticas en el bienestar de sus ciudadanos. Para lograr un buen estado global de la población, es importante que se tengan en cuenta simultáneamente la economía, la política, la seguridad y la religiosidad.

Así que indicar a la gente cómo tienen que vivir no es el camino a la felicidad, y en lugar de ello tenemos que proporcionar las herramientas para facilitar la felicidad y la libertad de ejercerla. **Las personas deben gestionar su felicidad, lo que supone un aprendizaje y un esfuerzo sobre cómo hacerlo.** ¿Cómo ser feliz? La respuesta a esto tiene implicaciones para los sistemas de educación. También hay una cuestión de sostenibilidad, pues una ganancia a corto plazo para algunos no debe significar algo necesario.

La felicidad y el trabajo

La responsabilidad de organización para lograr la felicidad y el bienestar de los empleados tiene varias facetas. El trabajo es una parte importante para una buena vida, siempre y cuando sea un "buen trabajo". Esto significa que hay que aceptar los desafíos que nos llevarán a a construir el reducto laboral que necesitamos y permitir así que los trabajadores experimenten **la alegría que proporciona la labor bien hecha.** Ahí radica parte de nuestra autoestima.

Simultáneamente hay que dedicarse a otras actividades en las jornadas de descanso que aportarán las relaciones que son tan importantes para la felicidad.

2.5. Psicoterapia

Cada persona contiene en sí misma, en cierto modo, su propio universo, y ella misma, sin impulso externo, tiende hacia la autorrealización.

La psicoterapia es un término general para el tratamiento de problemas de la mente mediante el diálogo con un psiquiatra, psicólogo u otro profesional de la salud mental. Durante el tratamiento, ambos –terapeuta y enfermo- aprenden acerca de la enfermedad y los estados de ánimo, sentimientos, pensamientos y comportamientos. Poco a poco, se ayuda a aprender cómo tomar el control de la vida y responder a las situaciones difíciles con nuevas habilidades saludables.

La psicoterapia también se conoce como terapia de conversación, consejería, terapia psicosocial, o, simplemente, terapia, diferenciada así:

Rediseñar la conducta.
Interpretación más acertada de la realidad.
Psicología humanista que enfatiza un matiz semántico distinto al que describe el paciente, delegando en él la responsabilidad y libertad sobre el proceso terapéutico.

Se establece que la felicidad es la consecuencia de una amplia gama de experiencias. Una vez alcanzado el deseo satisfecho, aunque sea transitoriamente, debemos llegar a la profunda conexión con nuestra alma o inconsciente, lo que nos introduce realmente en la sensación de ser felices.

La felicidad no es una sensación estable, más bien algo del momento, como beber una cerveza fría en un día caluroso, la llegada de la persona amada o la belleza de una puesta de sol; pero la psicoterapia busca una sensación más duradera, aunque no necesariamente más intensa.

En las relaciones sociales no hay felicidad individual, debe ser compartida, y debe haber un equilibrio entre el presente y el futuro. **El buen presente no debe condicionar la posibilidad de un futuro triste**.

Hay que crecer en sabiduría –nadie nos otorga la felicidad- y cuando se alcanza así la felicidad es más profunda, pues cada persona es dueña de sus emociones y nadie puede llevarle a estados no deseados. Es más estable y sostenible; perdurable en cierta medida.

Hay quien está convencido de que existen cosas más importantes en la vida que la consecución de la felicidad. ¿Para qué perseguir lo efímero? La conclusión es que si bien es gratificante sentirse feliz, también lo son el convencimiento del deber cumplido, el cuidado de nuestros hijos, la plenitud espiritual, el amor y la satisfacción de vivir.

Con el cumplimiento de los años, las personas buscan algo más profundo, quizá **conectarse con la sabiduría que controla el universo**, entender el sentido de la vida. Hay quien le gustaría saberse poseedor de dones o cualidades poco comunes, o poder por fin encontrar las oportunidades que tanto desea. A otros les gustaría ser protagonistas de la historia que hace que el mundo sea mejor. Luchar y sacrificarse por un ideal.

Una nueva investigación sugiere que la mayoría de la gente llamaría a estas sensaciones como el significado de la vida, y que proporciona un estado mejor que el de la simple felicidad.

Roy Baumeister propone algunas diferencias claves entre una vida feliz y una vida significativa:

"La felicidad parece entrelazada con los beneficios que uno recibe de los demás, y quizá también de lo que les aportamos".

Este investigador ofrece una perspectiva importante: el bienestar, o prosperidad, no proviene de perseguir la felicidad momentánea, sino a partir de la participación profunda en la vida.
"La felicidad se cree está basada principalmente en cómo obtener lo que uno quiere y necesita, incluso de otras personas o incluso sólo mediante el uso de dinero. Pero la pertinencia o significado se vincula a hacer cosas positivas para los demás".

Estoy muy feliz ahora

Muchos estudios muestran que podemos aumentar fácilmente nuestros niveles de felicidad, y aún más, nuestro bienestar. El compromiso con la vida es la clave: la conexión con las personas, las relaciones profundas y la vida significativa consecuente.

Un reciente artículo de la BBC anunciaba: "Podemos lograr ser felices por nosotros mismos", y nos sugiere que llevar una vida activa tiene una correlación más fuerte con la felicidad. En este sentido, la frase italiana "il dolce far niente" sería la trampa opuesta a la felicidad.
Otros estudios muestran que el dinero puede comprar la felicidad, pero sólo cuando se utiliza para el beneficio de otros. **La generosidad, la gratitud, la compasión, y el servicio a los demás, parece estar correlacionado positivamente con un profundo bienestar duradero.**

Como Emily Esfahani Smith escribió recientemente en *Hay más vida que el ser feliz*, debemos "dar" en lugar de "tomar", pues así estamos expresando nuestra humanidad fundamental, al mismo tiempo que también estamos reconociendo que hay más cosas en la buena vida que la búsqueda de la felicidad simple.

Vitalidad plena

Extraído del inglés, "fully aliveness" podría traducirse como la felicidad duradera, aunque hay quien se refiere a un compromiso de vida rica. Al igual que los votos matrimoniales tradicionales, se trata de disfrutar de la vida cuando es fácil y cuando es difícil. Lo más probable es que en realidad crecer y profundizar en tiempos de desafío, produce con el tiempo un bienestar superior a cuando todos los vientos soplan a favor. Esa es una razón por la que tenemos que estar abiertos a todas nuestras emociones, no sólo las agradables. Las emociones nos ayudan a saber lo que es importante, y son decisivas tanto en la madurez de juicio, como en la toma de decisiones éticas. Nos dicen dónde estamos, y nos recuerdan que debemos cuidar de nosotros mismos y unos a otros.

Así que no debemos limitarnos a una búsqueda de la felicidad. Vamos a participar plenamente en la vida, y dar la bienvenida al miedo, así como a la seguridad, a la tristeza y la felicidad, incluso a la vergüenza, así como el orgullo. Vamos a utilizar todas nuestras emociones para la aventura de vivir plenamente.

2.6 Biodescodificación

No es malo lo que entra por la boca, sino lo que sale del corazón.

Biodescodificación es el nombre que se da a uno de los nuevos enfoques terapéuticos, desarrollados a partir de los descubrimientos del médico alemán Ryke Geerd Hamer y otros sobre el origen y sentido de las enfermedades. Según ésta, las "enfermedades" no existen como tales, sino que se trata de programas biológicos de supervivencia que el cerebro activa como forma de adaptar el organismo al estrés que padece, fruto de los conflictos que afectan a todo ser vivo. ¿Y cuándo tiene un conflicto un ser vivo? Cuando sufre una situación vital, en cierto modo no esperada, muy estresante, a la que no se encuentra comprensión, ni solución; sorprendente por su novedad.

Por eso la felicidad puede ser un término difícil de definir, pero si la entendemos como la ausencia de sufrimiento, acotamos un espacio que nos puede ser mucho más práctico para encontrar un procedimiento que consiga el cese del dolor en nuestra vida. Y para ello, hemos de analizar qué es el sufrimiento.

En general, distinguimos dos clases de sufrimiento: el físico (accidentes y enfermedad) y el psico-emocional; puesto que vienen de dos fuentes claramente separables, el exterior y el interior del cuerpo. Esta distinción, aparentemente clara, puede tambalearse a la luz de las últimas investigaciones en neurología, pues concluyen que las dos sensaciones son procesadas por la misma zona cerebral y, por tanto, el dolor que se percibe, sea cual sea su fuente, es indistinguible. Es decir, el sufrimiento, entendido como dolor, es una percepción interna y subjetiva, e idéntica, tanto para el dolor físico como para el psiquico-emocional.

Este hecho hace que surja una pregunta: Si las dos clases de sufrimiento realmente son uno, ¿tendrá relación la enfermedad con los conflictos psico-emocionales? La Biodescodificación nos responde afirmativamente.

En definitiva, parece que la clave de todo este proceso subconsciente es el estrés, término que se aplica a la respuesta fisiológica ante situaciones emocionales intensas. En este enfoque, la emoción se corresponde con el sistema de alerta y coordinación del organismo, fijando la importancia de los eventos ocurridos. Una situación asociada a emociones intensas será importante, mientras que si las emociones son bajas, se considerará una nimiedad. En situaciones extremas se puede llegar al extremo de que el cerebro ordene a los tejidos u órganos cambios en su funcionamiento natural, produciéndose una adaptación biológica que permita enfrentarse, con más opciones, a las demandas del entorno. Este mecanismo, que en animales o sociedades muy básicas es perfecto, se vuelve un problema en la sociedad actual, debido a la capacidad de asociación libre del cerebro humano. Por ejemplo: una discusión con un jefe puede ser interpretada como "un bocado que no se puede digerir", a lo que el cerebro responde ordenando la producción de más ácido gástrico, a fin de diluir el "bocado" inexistente, con la consiguiente sensación real de acidez en el estómago. De este modo, el cerebro "biologiza" todos los conflictos psicológicos vinculando el sufrimiento emocional con el sufrimiento físico.

La buena noticia es que si la enfermedad está enlazada al conflicto psico-emocional, la solución pasa por liberar las emociones que llevan al cerebro a evaluar como importante la situación. Esta solución, aunque pueda resultar sorprendente, se conoce desde hace tiempo bajo el nombre de ejercicios de relajación o meditación.

Todo organismo posee un sistema interno que le prepara para entrar en estrés y otro para salir de ese estado de sobrecarga: son las denominadas respuestas de estrés y relajación. Pero no se ha conocido hasta fechas recientes el mecanismo completo que regula esos sistemas.

Nuestros comportamientos ante eventos se van programando en nuestro cerebro (patrones complejos estímulo-respuesta) según nos desarrollamos (gestación incluida) e, incluso, podemos tener predisposiciones codificadas en los genes, procedentes de nuestros padres. Creemos que las acciones que tomamos en el día a día y nuestra manera de actuar son elecciones libres, pero, según las investigaciones, más del 90% de nuestro comportamiento es automático, acorde a los patrones almacenados en nuestro cerebro.

La importancia de dichos patrones viene marcada por la carga emocional que lleven asociada. Cuanto más intensa, más fuerte será el patrón, ya que la respuesta de estrés generada provoca la reducción del riego sanguíneo a las zonas racionales del cerebro, bloqueando todo intento de inhibición de la ejecución del patrón. (Esto es demasiado para digerir.. tengo que pensarlo mucho). La única manera de salir de ese bucle es la liberación de todas las emociones asociadas, inactivando el patrón y sacando al cerebro del estado de alerta, con lo que revertirá las programaciones biológicas adaptativas que disparó.

El proceso de liberación de las emociones es relativamente simple: activar la emoción mediante el recuerdo, imaginación o estimulación del cuerpo y la subsiguiente práctica de una técnica de relajación. Pero, como el subconsciente ha desarrollado un sistema de defensa para aislarnos del sufrimiento, se puede bloquear el acceso a la emoción o su liberación. En este caso hemos de encontrar qué patrón emocional bloquea al anterior y proceder a su liberación. La frase "mágica" para acceder a los programas bloqueadores es: "qué es lo peor que puede pasar si dejamos que se vaya esta emoción".

Resumiendo: El sufrimiento es la causa de la infelicidad, y proviene de patrones emocionales subconscientes. La ejecución de estos programas genera dolor emocional y adaptaciones fisiológicas que denominamos enfermedad. La liberación, mediante cualquier técnica de relajación, de todas las emociones asociadas a los patrones producirá que estos no se ejecuten, saliendo de la enfermedad y el dolor emocional, volviendo al estado de felicidad.

2.7. Psicología cuántica

Somos una gota en el mar de la vida, pero el mar no sería nada sin las gotas.

La psicología cuántica no habla de trastornos psicológicos, sino de características del campo energético que llevan a las personas a comportarse de modo diferente a lo habitual, pero que son solamente intentos del organismo por reajustarse. Toda tentativa para encauzar los pensamientos y las actitudes no debería ir dirigida a conseguir que la persona se integre en la sociedad, sino solamente a lograr su plenitud.

Con una relación perenne entre el universo interno y el externo, la psicología cuántica nunca habla de la mente como algo que está dentro del cerebro, sino de una conciencia universal en la cual estamos inmersos porque formamos parte de ella.

La felicidad, pues, la define como una sensación extraña e incontrolable que supone una mezcla entre el bienestar corporal, con la activación interna de los mejores mecanismos de autodefensa y adaptación, y la mente que nos aproxima a un estado de éxtasis. Es de corta duración, en ocasiones apenas unos minutos, pero tan intensas son las reacciones que cuando llega hablamos de estar embriagados. Nos aparta del mundo real, en ocasiones de modo peligroso, y ciertamente nos deja indefensos. Es como si nuestro mecanismo de supervivencia quedara bloqueado, a favor de la plenitud espiritual.

Sin embargo, en ocasiones, un estado de felicidad intenso soluciona rápidamente muchas enfermedades aparentemente sin solución, por lo que recomendaríamos a los médicos que, en primer lugar, consiguieran que sus pacientes se sintieran más felices. **Decirles que su enfermedad es muy grave, que no tiene solución o que la muerte está cercana, es aumentar su mal.** ¿Para qué ser sincero si ello contribuye a una agudización de la enfermedad? Alegando sinceridad, el médico consigue que sus pacientes tengan enfermos el cuerpo y el alma, simultáneamente, y todo ello en los pocos minutos que le lleva hablar con claridad. Un minuto antes el enfermo conservaba sus deseos y esperanzas de curarse, pero desde el momento de la triste noticia pasa a depender exclusivamente de las habilidades del médico para mejorar, aunque ahora su mente ya está deprimida y confusa, y así no hay manera de controlar la enfermedad. La frase "Sea sincero conmigo" que suelen pedir los enfermos, es falsa, ya que lo que en realidad le están pidiendo es que les diga que se van a curar.

Nadie reza para provocar su ruina y tristeza; todo el mundo lo hace con esperanza de mejora.

Lo importante no es el grado de felicidad subjetiva, aquella que está definida por el arquetipo de persona feliz, la que se supone que debemos tener para vivir con satisfacción. Tampoco debe ser aquella que nos proporcionan las cosas o circunstancias que otras personas aparentemente felices tienen. La felicidad tampoco es demostrable con los hechos, ni con palabras de "estoy satisfecho", "tengo lo que deseo", ni "me siento querido y feliz". Este abuso en el YO, es la mejor manifestación de la no felicidad real.
La felicidad tiene cierto parecido con el amor: se siente o no se siente; no se puede conseguir, ni racionalizar. Está por encima de nuestras elucubraciones mentales. Se trata de un proceso mental mezcla de sensaciones y sentimientos que se escapan de nuestro control.

No se es feliz porque uno necesita serlo, sino porque se es.

Estas conclusiones podrían ser descorazonadoras para las personas que se manifiestan infelices, pues parece que deja poco espacio para el control de las emociones placenteras. Si todo depende de circunstancias sutiles ¿qué podemos hacer entonces para ser felices? La clave estaría en dos posibilidades: cambiar nuestras sensaciones corporales (las que determinan el equilibrio orgánico) mediante una vida saludable, plantas medicinales y nutrientes adecuados. Una vez que el cuerpo está en armonía vibratoria, las sensaciones deberían ser placenteras.

El segundo requisito sería una adecuada adaptación a las circunstancias. No se trataría entonces de la búsqueda de acontecimientos, lugares o personas con las cuales podríamos ser felices, sino de ser felices con lo que tenemos y no sufrir por aquello que no tenemos. El desapego material en el cual está basado el budismo, y la no dependencia psicológica hacia las personas, serían los dos requisitos imprescindibles.

Tener la mente centrada en el disfrute del momento presente, no recordar los momentos pasados infelices, y proyectar la mente hacia un futuro óptimo, serían los requisitos puramente mentales.

No intente encontrar la felicidad en un fármaco, aunque deberíamos decir mejor que **no intente comprar la felicidad en una farmacia**. Si usted cree que con unos pocos euros que le costará un envase de *Prozac* conseguirá en pocos días la felicidad perdida, indudablemente es un ingenuo. También lo será si acude a un psicólogo en busca de la autoestima perdida, en la creencia que mediante la asistencia a 10 ó 15 terapias psicológicas conseguirá salir con el papel de diplomado en autoestima. Nunca como hasta ahora las personas quisieron comprar su bienestar mediante el pago de bienes materiales. Indudablemente la publicidad ha conseguido manipular las mentes de las personas débiles, haciéndoles creer que el dinero puede comprar todo, hasta los sentimientos y las sensaciones. Regale a una mujer un anillo de diamantes y verá de qué le estamos hablando, o acuda a una clínica de estética para que le reparen ese rostro que no le gusta.

Cuidado con la búsqueda compulsiva de la felicidad. Nuestros mecanismos de autodefensa y reparación pueden quedar mermados y perder así la capacidad de adaptación a las circunstancias adversas. Frecuentemente necesitamos el estrés, nuevos retos para sobrevivir. La aceptación resignada del devenir, es una señal a nuestras células para que dejen de renovarse con eficacia.

La depresión, la tristeza continuada, nos hace valorar los momentos de felicidad, salvo que esos momentos los aprovechemos para recordar insistentemente los momentos desgraciados. De este modo nunca saldremos del estado depresivo, ya que recordar las causas de nuestra depresión y hacerlo con todo detalle, reviviendo cada segundo de aquel acontecimiento, nos llevará a la consolidación de la tristeza, nunca a salir de ella. Cuando vemos la labor que realizan los psicólogos, insistiendo en que el enfermo depresivo cuente las razones de su mal, y explicando cómo salir de ella mediante un cambio en su percepción, nos parece una terapia razonable, salvo por un detalle: si el enfermo sigue hablando de su problema, una y otra vez para que el psicólogo vea la evolución de su terapia, está realmente consolidando su enfermedad aunque aparentemente parezca mejorar. La causa está en que la mente no diferencia entre lo que se desea y lo que se tiene, pues solamente ve un proceso mental que habla de tristeza. Así es que interioriza una y otra vez la misma señal, no encuentra un mecanismo para librarse de ella, y la perpetúa como si utilizara un cincel sobre una estatua.

Si piensa en una enfermedad reiteradamente, la enfermedad termina por consolidarse.

La ley de la atracción explica de igual modo este fenómeno, mediante el cual los pensamientos ocasionan fenómenos físicos solamente por el hecho de repetirlos, sean beneficiosos o no.

La comprensión que la mayor parte de los seres humanos tienen de sí mismos se fundamenta en el pensamiento y el sentimiento; parece bastante natural, pero la mente y el corazón no representan al ser en su conjunto. La idea de la realidad que ha ocasionado la enfermedad depresiva es un concepto importante. Si cambia su percepción cambiará la enfermedad en sí misma.

La naturaleza real de nuestra tristeza suele encontrarse fuera de nuestro alcance porque así lo hemos deseado, presionados por nuestra propia supervivencia. A veces, se nos impone una nueva realidad, y ésta puede cambiar el curso de los acontecimientos. Aparecen nuevas formas en los pensamientos y entonces puede tener lugar una transformación profunda, pero ésta no será en esencia distinta a la que existía anteriormente a la depresión. La solución está nuevamente en cambiar nuestro punto de vista como observadores de los acontecimientos que nos llevaron a la depresión.

Un hecho triste juzgado por varias personas parece distinto: para unos muy deprimente, para otros poco más que un disgusto, y para un tercero el camino seguro para el suicidio. Detrás de ello están las sensaciones físicas que acompañan a la depresión, más intensas incluso que las alteraciones mentales, y a las cuales había que dedicar el interés primario.

Cuando el cuerpo deja de sentir tristeza, la mente se reorganiza.

La meditación, denominada como "esfuerzo sin esfuerzo" es un buen soporte, pero debemos realizarla siempre con los ojos abiertos, con los oídos concentrados y con la piel percibiendo el ambiente. Se trata de buscar consuelo en el maravilloso mundo exterior, al mismo tiempo que establecemos las pautas físicas para fortalecer los sentidos. Aprovechando los intervalos de silencio que separan naturalmente cada pensamiento y al igual que las olas en el océano, con flujo y reflujo, nos vamos a un estado de calma que sosiega nuestros sentidos, pero siempre alertas. **Solamente a través de la fortaleza se curan las malas emociones.** Cuando la mente haya alcanzado la conexión con la consciencia universal, nos llegarán simultáneamente tres efectos:

1- La sabiduría del universo dentro de nuestras células que nos hará comprender mejor la solución a nuestros problemas.
2- El sosiego de las sensaciones corporales que nos hacían daño orgánico y perturbaban los pensamientos.
3- Un estado de plenitud espiritual que suplantará al anterior estado depresivo.

Concordancia cuántica

Es bien sabido que la interacción con el Otro, ya sea una persona, un árbol o un simple gato, produce bienestar cuando sentimos una buena receptividad y se manifiesta también un cierto agrado entre ambos. Ello se debe a que estamos creando algo especial que en alguna forma nos hace vibrar, como si se tratase de cierto movimiento energético interno que puede producirnos placer. Esta sensación, producida quizá por nuestras partículas más elementales, positrones, neutrones, electrones, protones, etc., saltan de un sistema energético al otro, estableciendo un "baile placentero", dichoso y burbujeante, acompañando el encuentro con un despliegue de sustancias bioquímicas.

Esta situación gratificante es adictiva, pues hay una búsqueda repetitiva en nosotros hacia esa interacción. Quizá podríamos decir que esas pequeñas partículas interaccionando están creando una melodía suave, armónica, equilibrada, y es en ese momento cuando sentimos eso que podríamos llamar "felicidad".

La clave está en nuestra actitud, pues si es agradable y placentera nos parece más fácil y hermoso nuestro entorno; pero si nuestra actitud es negativa, triste, hay una tendencia a disminuir nuestra realidad exterior.

También podemos adoptar una actitud activa o pasiva. Con la forma activa nos movemos para solucionar los problemas externos, mientras que en la pasiva los padecemos y dejamos que sea el exterior el que actúe sobre nuestro sistema energético.

Es posible que para llegar a esa felicidad debamos adoptar una actitud activa y positiva, lo cual nos permitiría interaccionar apropiadamente con esa realidad externa, solucionando los conflictos adecuadamente.

Como ejemplo tenemos el amor, que cuando va acompañado de una actitud creativa nos produce un intenso placer, con todas nuestras células y átomos enfocados en una misma intención. Hay un movimiento interno que se trasluce, que nos ilumina y ejerce una influencia sobre el otro, el cual recibe un extra de energía y a su vez le estimula a interaccionar. Esto se debe a que estamos inmersos en un universo de partículas, a que formamos parte de él y somos de la misma materia.

Si intentamos expandirnos es fácil que se produzca ese flujo, esa conexión, en la medida que nuestra individualidad se haga más permeable a otras individualidades. Haciéndolo así se producirá ese pequeño milagro que llamamos felicidad, un proceso creativo de concordancia, de unión y de conexión.

El ser humano es feliz en cuanto entra en un proceso de integración con el resto... con los que estuvieron antes... y con los que vendrán en un futuro. Es feliz si vive en una solución de continuidad... sin miedos.

2.8. Filosofía

La felicidad la consigue solamente uno mismo con la buena conducta.

La filosofía (del latín philosophĭa, y este del griego antiguo φιλοσοφία, 'amor por la sabiduría') es el estudio de una variedad de problemas fundamentales acerca de cuestiones como la existencia, el conocimiento, la verdad, la moral, la belleza, la mente y el lenguaje.

Al abordar estos problemas, la filosofía se distingue del misticismo, de la mitología y la religión por su énfasis en los argumentos racionales, así como de la ciencia experimental porque generalmente lleva adelante sus investigaciones de una manera no empírica, aunque no puede evitar especular y realizar un análisis conceptual, lo que no impide que pueda reflexionar sobre los datos empíricos y otras experiencias psicológicas.

El término filosofía se le atribuye a Pitágoras, pero su popularidad se la debemos a Platón y Aristóteles.

Platón quien fue alumno de Sócrates y maestro de Aristóteles, determinó gran parte de las creencias del pensamiento occidental, tanto del hombre corriente como del instruido, insistiendo sobre el "sentido común" y la "verdad", diferenciando claramente lo que es ciencia y opinión.

Aristóteles transformó muchas, si no todas, las áreas del conocimiento que tocó. Es reconocido como el padre fundador de la lógica y la biología, y entre sus muchas contribuciones, formuló la teoría de la *generación espontánea* y el principio de *no contradicción*.

La filosofía estableció dos formas diferentes para definir la "felicidad": una, usó el término como un valor, más o menos sinónimo de bienestar. Con la otra forma utilizó la palabra como un término psicológico puramente descriptivo, similar a la "depresión" y en cuyo extremo estaba la tranquilidad.
Así que ahora sabemos que en la filosofía el concepto "bienestar" va unido a la sensación de felicidad y que ahora confundimos con el hedonismo, la teoría de satisfacción con la vida, y la teoría del estado emocional. De cualquier modo, la felicidad en el sentido psicológico ha sido siempre una preocupación importante de los filósofos.

Platón decía que la felicidad es posible cuando el hombre puede contemplar las esencias de las cosas, las ideas de Dios. Hay que ver las cosas con el intelecto, más allá de la ilusión que nos ofrecen nuestros sentidos. Haciéndolo así, podríamos ser felices viendo la obra de Dios. También aseguró que "Con frecuencia, algunos buscan la felicidad como se buscan los lentes cuando se tienen sobre la nariz".

Aristóteles, por su parte, habló del Eudemonismo, la doctrina ética que considera la felicidad como el bien supremo al que debe aspirar el ser humano, y que moralmente está asociado al bien y la sabiduría, e insistía en que un hombre que viva en la miseria jamás podrá tenerse por feliz. Sentenció que "La sabiduría es causa de felicidad, porque siendo una parte de la virtud total, hace al hombre dichoso por el solo hecho de poseerla"

Los filósofos han distinguido más comúnmente dos caminos a la felicidad: el hedonismo, y la teoría de la satisfacción de vida. Los hedonistas (más adelante lo veremos más ampliamente) identifican la felicidad con el equilibrio de la persona entre lo agradable y lo desagradable, aunque no se ponen de acuerdo entre denominarlo como bienestar o felicidad. Estos argumentos tienden a conceder a la identificación de la felicidad con el placer, sin cuestionar la idea de que esta debe ser nuestra preocupación principal o única, y con frecuencia también aportan la idea de que la felicidad es lo único que importa para el bienestar.

Las teorías de satisfacción de vida identifican la felicidad con tener una actitud favorable hacia la propia vida como un todo.

Para el conjunto de filósofos, la felicidad tiene dos explicaciones:

Un estado de ánimo
Una vida que va bien.

En el primer caso, nuestra preocupación es simplemente una cuestión psicológica. Del mismo modo que la investigación sobre el placer o la depresión afecta fundamentalmente a cuestiones de la psicología, la investigación sobre la felicidad es fundamentalmente el estudio de ciertos estados mentales. ¿Qué es este estado de la mente que llamamos felicidad? Respuestas habituales a esta cuestión incluyen la satisfacción de vivir , el placer, o un estado emocional positivo.

Después de haber respondido a esa pregunta, surge otra: ¿Qué valor tiene este estado mental? Dado que la "felicidad" en este sentido es sólo un término psicológico, se podría decir que la felicidad no tiene valor en absoluto.

Tal vez pensemos que sólo los ignorantes pueden ser felices.

Bajo este punto de vista, las personas felices son dignas de lástima, no envidiadas. **Sócrates**, a propósito de ello, dijo: "El saber es la parte principal de la felicidad".

En el segundo caso, los filósofos hoy en día tienden a diferenciar valor y cautela, y más comúnmente, bienestar, utilidad o florecimiento. Puesto que estos términos son realmente equivalentes, sigue siendo motivo de controversia. La felicidad, en este sentido se refiere a lo que beneficia a una persona, es bueno para ella, lo que la hace mejor, aquello que sirve a sus intereses o es deseable para ella, o por el bien de ella. Si el bienestar es alto, para las personas se alcanza un estado envidiable. El malestar, o padecer el mal, puede llamar a la empatía o compasión, mientras que envidiamos o nos regocijamos con la buena fortuna de los demás.

Ser bueno para alguien difiere de ser simplemente bueno. Puede que seamos honestos y sin embargo no siempre podemos ser buenos para nosotros, como cuando nos implicamos en el autosacrificio. No es coincidencia que la palabra "felicidad" se derive de la palabra "buena fortuna", y de hecho, los términos utilizados en la conversión en otros idiomas tienen raíces similares.

La filosofía moderna destaca que atribuir la felicidad de una persona a su bienestar, es hacer un juicio de valor. A saber, que la persona tiene lo que uno desearía tener. Si usted y yo tenemos valores diferentes, entonces bien podemos diferir acerca de cómo se debe vivir para ser felices.

Hay quien cree que conseguir lo que uno quiere le lleva a la felicidad, sin embargo cuando juzgamos la vida de un malvado de éxito, creemos que es triste y empobrecida.

Los aristotélicos consideran que el bienestar (eudaimonia) consiste en una vida virtuosa de actividad, o más ampliamente, en el cumplimiento de nuestras capacidades humanas. Sin embargo, en nuestra vida actual un pasivo teleadicto consigue llenar su vida simplemente con el televisor y así disfruta de ella. Aquí ya no hay objetivos.

Los laicos, aunque no suelen tener ningún tipo de pregunta metafísica en mente, con frecuencia se preguntan acerca de las fuentes de felicidad. Seguro que pueden afirmar que "la felicidad es estar con buenos amigos." Esto deja sin respuesta, o da por supuesto, la pregunta de qué es la felicidad, pues los amigos son una buena fuente de la misma.

El bienestar parece ser que define el concepto de felicidad, tal y como leemos en los textos antiguos. La famosa referencia de Jefferson a "la búsqueda de la felicidad" probablemente empleó el sentido del bienestar. Incluso los escritores posteriores, como Mill, pueden haber utilizado el término en el sentido de bienestar.

En el uso común, "felicidad" es un sustantivo abstracto que a menudo invita a una lectura de bienestar. Y aunque "vida feliz" es una locución que no tiene, naturalmente, una interpretación psicológica, puede servir para comenzar un diálogo.

Por el contrario, "ser feliz" define algo concreto, pues aunque no es una propiedad de la vida de una persona, parece ser una característica de la persona misma. Para ser feliz, al parecer, es necesario estar en un cierto tipo de estado o condición psicológica. Del mismo modo, cuando decimos que tal persona "está feliz" (en lugar de decir que está llevando una vida feliz), la interpretación nos lleva al mismo destino.

Los investigadores que participan en la "ciencia de la felicidad", por lo general no hacen juicios de valor cuando proclaman aquello que las personas deben hacer para ser felices. Tampoco lo hacen cuando afirman, por ejemplo, que la satisfacción de vida que muestran los habitantes de Oregón es superior a la de los neoyorquinos. Y los muchos libros populares recientes sobre la felicidad, así como los informes que los medios de comunicación realizan sobre lo mismo, dan por sentado que aquello de lo que están hablando no es más que una condición psicológica.

Otra teoría, el estado de vista emocional, se aparta del hedonismo de una manera diferente: en lugar de identificar la felicidad con la experiencia agradable, identifica la felicidad con la condición emocional de una series de factores. Esto incluye aspectos no vivenciales de emociones y estados de ánimo, y excluye los placeres que no implican directamente el estado emocional de la persona.

Lo que podemos estar de acuerdo es que la felicidad es lo contrario de la depresión o la ansiedad, mientras que la felicidad hedonista simplemente se oponen a lo desagradable. Por ejemplo, un individuo profundamente afligido podría distraerse lo suficiente en sus actividades como para mantener una agradable existencia, sólo con los problemas habituales, pero esto no afectaría a su estado emocional global.

Hay una propuesta que consiste en tres grandes categorías:

>Alegría frente a la tristeza,
>sensación de vitalidad,
>y estados "de armonización", como la tranquilidad, la compresión y confianza.

Una cuarta categoría identifica la felicidad con la satisfacción de vida y el placer o el estado emocional.

Según Bertrand Russell, uno de los filósofos más influyentes del siglo XX:

"Se distinguen dos clases de felicidad: natural o imaginativa, o animal y espiritual, -del corazón y de la cabeza-, y la manera más sencilla de definir las diferencias entre ambas clases es que una es asequible a todo género humano, y otras solamente a los que saben leer y escribir: la primera tiene que ver con la felicidad basada en creencias naturales lejos de los motivos intelectuales que son importantes para los otros. El trabajo por ejemplo, es una forma accesible de encontrar placer sobre todo a nivel personal, mientras no se pretenda el aplauso de los demás para desarrollarlo. Otra fuente de felicidad personal (tal vez la mayor), es el querer y ser querido por el simple hecho de querer, es decir, de manera espontánea.
La sensación de no ser queridos es una de las causas principales de la inseguridad y por tanto de la infelicidad. Vale la pena insistir en la importancia de la educación y el afecto en los menores, ya que la falta de atención o su extremo opuesto, la sobreprotección, desarrolla en el individuo la inseguridad, el miedo, la desconfianza o incluso producen como consecuencia defectos de carácter que motivan el fracaso posterior para hacerse amar".

2.8.1 Hedonismo (el placer como fin supremo de la vida)

Nadie aprende de sus momentos de gloria, sino de sus penurias.

"Si pudiera encontrar a la pareja adecuada, entonces sería feliz... si pudiera conseguir esa casa nueva o un nuevo coche o un nuevo trabajo... si tan sólo pudiera quedar embarazada y tener un bebé... si pudiera tener otro hijo... si pudiera dejar mi trabajo y quedarme en casa con mis hijos... si pudiera acercarme a mi familia y tener ayuda... si pudiera perder 20 kilos de peso... si pudiera viajar más... si pudiera permitirme el lujo de retirarme... si pudiera.

Cuando conseguimos esas cosas somos felices, hasta que no lo somos.   Los psicólogos llaman a esto la estabilidad hedónica, en el que la eficacia de un nuevo placer se desvanece con el tiempo.

Cuantas más cosas para sentirnos bien tenemos, más necesitamos para lograr el mismo nivel de felicidad. Como comensales nunca saciados, nos gustaría ver nuestro plato siempre lleno. Es como la tolerancia que se desarrolla con el tiempo en la adicción, durante la cual llega un momento en que necesitamos tres vasos de vino para obtener la misma buena sensación que antes nos proporcionaba una sola copa.

El atractivo del hedonismo es bastante obvio: lo agradable de nuestra experiencia es claramente una cuestión de gran importancia, y muchos han afirmado que es la única cosa que importa.

Un argumento que puede ser fácilmente entendible como réplica, es que los placeres superficiales como comer una galleta, e incluso el intenso placer de un orgasmo, no puede ser incluidos como felicidad.

Otra de las razones para centrarse en el estado emocional en lugar de en sólo la experiencia, puede ser la mayor profundidad psicológica de lo primero: su impacto en nuestra vida mental y el comportamiento es posiblemente más profundo y penetrante.

Podemos comparar la salud a este respecto: mientras que muchos piensan que importa principalmente o en su totalidad debido a su conexión con el placer, hay pocos escépticos acerca de la importancia de tener salud.

La literatura científica insiste en:

1. La mayoría de la gente se manifiesta contenta.
2. La gente se adapta a la mayoría de los cambios, pero tienden a regresar en el tiempo para reajustar su felicidad.
3. Las personas son propensas a cometer errores graves en la evaluación y la búsqueda de la felicidad.
4. La prosperidad material tiene un impacto sorprendentemente modesto sobre la felicidad.

Errores en la búsqueda de la felicidad

Una cuestión diferente es encontrar qué medios de búsqueda de la felicidad son los más eficaces. Esto es fundamentalmente una cuestión empírica, pero hay algunas cuestiones de principio que la reflexión filosófica puede aportar.

Una afirmación que se oye con frecuencia, comúnmente llamada la "paradoja del hedonismo," es que la búsqueda de la felicidad es contraproducente: **para ser feliz, no hay que buscar la felicidad**. No está claro cómo interpretar esta afirmación, pero es a la vez interesante y verdadera. Es claramente imprudente buscar ser feliz en cada momento, pero también lo es no elaborar ninguna estrategia para ser feliz.

Si estamos eligiendo entre varias ocupaciones o entretenimientos igual de interesantes, y tenemos la evidencia de que algunos de ellos nos hará miserables, mientras que otros probablemente sean altamente satisfactorios, no parecería imprudente tener en cuenta esa información. Sin embargo, nadie nos debería acusar de perseguir la felicidad. Debemos insistir en que la paradoja del hedonismo es que quizá centrarse demasiado en hacerse a uno mismo feliz, conduce a la no felicidad y la insatisfacción. Mírese en el espejo varias veces al día y diga que es feliz. Si lo consigue, será afortunado, pero habitualmente no sirve para mucho.

Que valga la pena buscar la felicidad no significa que siempre vayamos a lograrla. En las últimas décadas hay numerosos estudios psicológicos que parecen demostrar que el ser humano está sistemáticamente propenso a cometer errores en la búsqueda de sus intereses, incluida la felicidad. Dos de estos estudios se resumen en "La evaluación de lo felices que somos o fuimos en el pasado" (Haybron 2007-2008) y "Predicción ("previsión") de lo que nos hará felices" (Gilbert 2006).

No entiendo por qué el que es dichoso busca mayor felicidad (Cicerón).

2.9. Metafísica

Vivir en paz y alegría es aceptar el proceso de la vida.

La metafísica se ocupa de investigar la naturaleza, así como de la estructura y principios fundamentales de la realidad, lo que incluye la clarificación e investigación de algunas de las nociones fundamentales con las que entendemos el mundo, incluyendo: el ser, las entidades, la propia existencia, el objeto de existir, la relación con el entorno y lo no tangible, la causalidad o ley de causa-efecto, el tiempo como medida del ser humano, y el espacio real en relación con la no-distancia.

Antes del estudio mediante los métodos científicos modernos, muchas de las interrogantes y problemas que hoy se resuelven mediante la ciencias naturales y la física, fueron estudiados por la metafísica bajo el título de "filosofía natural".

La *ontología*, por ejemplo, es la parte de la metafísica que se ocupa de investigar qué entidades existen y cuáles no, más allá de las apariencias, aunque abundan más las elucubraciones que los hechos demostrables.

Aristóteles, designó la metafísica como "primera filosofía" o "al lado de la física"; Descartes la empleó para tratar los problemas transfísicos; Hume no estaba de acuerdo con el concepto de causalidad; Kant la excluyó como ciencia y solamente se refería a ella para analizar la realidad moral, mientras que las nuevas filosofías del siglo XX insistieron en que las proposiciones metafísicas carecen de todo sentido. Luego, con los ánimos ya más tranquilos, se concluyó en que mientras la física asume la existencia de la materia y la biología la existencia de la materia orgánica, ninguna de las dos ciencias define el ser o la vida; sólo la metafísica suministra estas definiciones básicas.

La pregunta que más a menudo nos planteamos es: "¿Qué es lo que tengo que hacer para encontrar la plenitud, realización y felicidad personal?"

Si bien hay respuestas individuales y sugerencias globales, el camino que se pretende con la metafísica no es la acción, sino la aceptación, el ser. El sistema de valores que divulga es un medio para alcanzar la felicidad y especialmente para evitar el dolor que supone darnos cuenta de que no somos felices, dos planteamientos muy arraigados en la cultura moderna. Sin embargo, la metodología parece claramente deficiente, o no habría tantas personas persiguiendo fervientemente su ideal dominante de la felicidad.

La frase "búsqueda de la felicidad" consagrada en la Constitución de los EE.UU. implica que la felicidad es algo que hay que ganar, trabajar para lograrla, y además insiste en que **no podemos ser simplemente felices, hay algo más que justifica la razón de vivir**. Sin embargo, la verdadera felicidad sólo es posible a través de encontrar el equilibrio y la alineación entre las fuerzas contradictorias de la existencia. Debemos integrarnos con el cosmos, la energía universal y participar en el equilibrio general. No sería tanto nuestra propia felicidad como meta, sino la del universo en su conjunto.

Lo primero que aprendemos con la metafísica es que no hay un enemigo dentro de uno mismo. Nadie que necesita ser combatido, conquistado, alguien que lucha con o contra nosotros; ni siquiera debemos resistirnos a nuestros sentimientos y es mejor relajarnos para lograr un equilibrio interno de confianza.

Cada deseo, cada sentimiento que experimentamos es porque forma parte de nuestro ser, y cuando finalmente nos aceptamos y abrazamos en lugar de entrar en una contradicción entre lo que sentimos y lo que nos gustaría sentir (según nuestra mente racional), entonces todos las piezas de nuestro rompecabezas encajarán y todo es posible. Sin embargo, tal realización debe ser mucho más difícil de lo que se creía anteriormente, pues pocas personas exhiben ese estado de plenitud. Quizá es que, contradiciendo a la metafísica, necesitamos acción.

Hay fuerzas que impulsan y dan forma a nuestro mundo y que operan en distintos planos de la existencia, cada una de ellas trabajando de forma individual como un mundo subjetivo con estructura, ya sea caótica o jerárquica, con sus propias reglas asumidas y leyes naturales. Estas fuerzas, cuando se las deja a su libre albedrío, asumen como algo natural que sus formas y leyes son las únicas posibles, y, por tanto, no hay que modificarlas, sino quererlas.

Los seres humanos tendemos a tratar de encajar todo dentro de nosotros mismos, sea cual sea el nivel de conciencia, con el fin de alinearlo con nuestro sistema de creencias. El Yo, los complejos emocionales, tienden a establecer que siempre estamos en el camino correcto, pero al hacerlo no cooperamos con el entorno, con la consciencia universal, con lo que nos desconectamos, y como un cachorro que se aísla de la manada, nos sentimos solos y desvalidos.

Externamente, esta separación se manifiesta con guerras, luchas psicológicas, traiciones, brutalidad y hedonismo. Internamente, se manifiesta con confusión, estrés, contradicciones internas, compulsiones y odio a sí mismo. **Nunca estamos satisfechos**. El problema esencial es que nuestro sistema de creencias nos impone límites a lo que somos capaces de aceptar y percibimos.

Estamos conectados a un solo gran todo, y ambos sirvimos con funciones válidas y vitales a un cuerpo más grande que es el cosmos, la fuente. Cuando ignoramos esto y desarrollamos una oposición entre mente racional y espíritu, negándonos a admitir que ambos existen, entramos en el desasosiego que conduce a la infelicidad. En lugar de ayudarnos a encontrar la felicidad, la compulsiva evitación de la infelicidad y el aislamiento han servido para fragmentar nuestras realidades.

Para abrazar la verdadera felicidad debemos descubrir, aprender o elaborar una visión del mundo que asuma todos los puntos de vista, todas las partes del mismo, que permita llevarnos a una realidad no siempre tangible.

Cada uno de nosotros estamos formados por un universo lleno de piezas, diferentes entre sí pero que comparten la responsabilidad por la estabilidad del todo (el Yo) y que en origen son las cuatro formas elementales: tierra y fuego, agua y aire, íntimamente entrelazadas en el mundo externo.

La metafísica habla de los cuatro reinos, la materia, la mente, el espíritu creativo y la emoción, aunque también describe un quinto elemento, llamado misterio, que contiene y proporciona el contexto para estos espacios elementales. Por ello, la metafísica fundamental es una herramienta útil para el desarrollo de la comprensión de la naturaleza, de otro modo confusa desde el mundo de la realidad. En palabras de Saint Germain: "El sufrimiento es totalmente innecesario, sé feliz amando la vida libre… libérate y libera a los demás... se libre y feliz en la ayuda, en el servicio, en las relaciones... Podemos vivir sin problemas aceptando calificar bien la energía y transmutando el pasado sin dolor... Perdonen y conocerán un corazón feliz."

"Solamente eliminando la discordia se puede conocer la felicidad" (Saint Germain)

CAPÍTULO 3

LA FELICIDAD MEDIANTE EL MISTICISMO Y TERAPIAS DE RELAJACIÓN

3.1. Ho'oponopono

Que el rencor no forme parte de la vida y que un corazón benevolente ocupe su lugar.

Ho'oponopono (*ho-o-pono pono-*) es una antigua práctica hawaiana de reconciliación y perdón. Prácticas similares relacionadas con el perdón como forma de resolver los conflictos familiares se llevaron a cabo en todas las islas del Pacífico Sur, incluyendo Samoa, Tahití y Nueva Zelanda.

Tradicionalmente, Ho'oponopono ha sido practicado por los sacerdotes de curación o *kahuna lapa au* entre los componentes de la familia de una persona que está mal físicamente. Las versiones modernas se llevan a cabo dentro de la familia mediante las indicaciones y el control de un anciano (en ocasiones miembro de una de las familias), aunque ahora se prefiere la práctica por el individuo solo.

Lo que aporta el Ho'oponopono no es tanto la idea de que todo se puede conseguir si así lo deseamos, como la necesidad que existe de hacer el bien y de rectificar si algo no hemos hecho correctamente. Para ello es necesario visualizar cualquier experiencia negativa, incluso con autocrítica, en busca de un error en nuestro campo de acción, sea físico o del pensamiento. Tan sencillo como desplegar un mapa de nuestra vida en busca de una alternativa a los errores.

Así que para que funcione hay que pedir a "alguien" (o algo) que visualice nuestro campo de influencia. Cuando hayamos creado una imagen visual, inmediatamente debemos enviar un mensaje de amor junto con el problema. No hay lugar para los reproches. Si queremos visualizarlo y que ese mensaje sea transmitido en forma de una luz simbólica, mejor que mejor. Después llegan las palabras clave: "Lo siento, perdóname, gracias, te amo". Hay otras e incluso algunas oraciones se pueden personalizar. A continuación, es necesario que se mantenga una imagen en la mente con la solución al problema. No importa si ahora no se ve, sólo hay que enviar la petición mediante esa luz de ayuda o imaginándose que el pensamiento trasciende, algo que la física cuántica ha demostrado como posible.

Ho'oponopono hace presumir la existencia de un poder superior, y si deseamos hacer referencia a este poder como el amor divino, Dios, o cualquier otra cosa, es igualmente tan válido como si preferimos emplear la palabra energía universal o cuántica. ¿La creencia en un poder superior ayuda más que el estudio de una posible sincronía del destino o la interacción del campo cuántico? No lo creo, aunque otros no están de acuerdo.

Lo esencial es que Ho'oponopono no representa a ningún punto de vista religioso organizado, aunque ello no excluye que sus divulgadores sean creyentes religiosos. A fin de cuentas, el código moral está presente en todo el proceso.

El principio detrás de Ho'oponopono es que todo lo que está mal en nuestras vidas no es más que la repetición de viejos recuerdos y circunstancias, sentimientos o creencias. Nuestro inconsciente tiene grabados todos los acontecimientos que nos han sucedido hasta ahora en nuestras vidas. Cada palabra, cada acción, y de hecho lo bueno y lo malo, se queda escrito de modo indeleble allí, junto con las creencias y pensamientos que se han labrado poco a poco. Y todos estos datos influyen en nuestras vidas y la manera en que vivimos hoy en día. De todos estos hechos, **el daño que hemos ocasionado a los demás desde que tuvimos uso de la razón, es lo que más infelicidad nos proporciona ahora.**

Creemos que es el daño que los demás nos han causado lo que nos ha llevado a este estado de tristeza, y esto se debe a que el dolor que hemos causado tratamos de ocultarlo en lo más íntimo de nuestro inconsciente; una cuestión de conciencia y sentimiento de culpa. Por el contrario, el dolor que nos han causado lo revivimos continuamente y lo llevamos al consciente.

Toda nuestra vida debe estar orientada a cumplir el propósito para el cual vinimos y que no es otro que limpiar la mente de problemas (memorias) para que podamos ser lo que la Divinidad creó para nosotros -un corazón puro.

Realmente el Ho'oponopono no es difícil de aplicar. Cualquier día que sea molesto, que estemos irritados, el pensamiento se ofusca y somos conscientes de ello. Tan pronto como nos damos cuenta y recitemos las frases, vuelve la limpieza. Puesto que no hay un solo día que no tropecemos con algo, debería ser una práctica diaria.
La maravillosa frase "lo siento, perdóname, gracias, te amo" es increíblemente potente en la resolución de los conflictos, pero no es necesario decirla en voz alta, simplemente hay que pensar en ella, trasladándola al corazón para que las palabras resuenen en el pecho. Cuando estamos haciendo Ho'oponopono, estamos indicando claramente a la divinidad: "Yo soy responsable de lo que estoy experimentando, y estoy experimentando el sufrimiento por mi forma de juzgar y hacer las cosas. Lo siento. Gracias".

La felicidad no es un estado superficial. Nace de un profundo sentido de congruencia, de la relación de afinidad, amor y respeto que existe entre las personas. Nadie puede ser feliz aislado del entorno y las personas. Hay que estar bien con uno mismo, pero no en el sentido de ahora, despreciando o no considerando los sentimientos ajenos.

La excesiva interiorización que conlleva los ejercicios de realización personal y mejora de nuestro potencial psicológico, ocasiona que creamos estar siempre en lo cierto. El egocentrismo de estas prácticas lleva a menospreciar a aquellas personas no tan "elevadas" psicológicamente como nosotros.

Ese es el orden: primero mejoramos nuestro comportamiento y hacemos felices a las personas que nos rodean; luego intentamos ser felices nosotros.

Recuerden la frase y repítanla tantas veces al día como necesite:

Lo siento

Perdóname

Gracias

Te amo

3.2. Meditación (pasiva, en movimiento)

Los problemas siempre tienen dos puntos de vista: el nuestro y el que realmente es.

La meditación es un término general para llegar a un estado de relajación del ser, pero en ocasiones se confunde con técnicas de relajación que tienen componentes de meditación, aunque todos comparten el mismo objetivo de lograr la paz interior.
Si el estrés nos mantiene ansiosos, tensos y preocupados, considere probar la meditación, pues pasar aunque sea unos minutos en

meditación puede restaurar la calma y la paz interior.
Cuando tranquilizamos el cuerpo, apaciguamos el alma y la mente.

Cualquier persona puede practicar la meditación. Es muy sencillo y barato, y no requiere ningún equipo especial. Se puede practicar donde quiera que se esté, caminando, viajando en el autobús, esperando en el consultorio del médico o en medio de una reunión aburrida. Solamente usted sabrá que está meditando. Cerrar los ojos no es imprescindible. Tampoco debe pagar por acudir a un "centro de meditación", esperando que allí alcance la sublimación de su espíritu.

Entender la meditación

La meditación se ha practicado durante miles de años, aunque originalmente estaba destinada a ayudar a profundizar la comprensión de las fuerzas sagradas y místicas de la vida. Las personas se alejaban del entorno social en busca de un estado meditativo que les comunicara con Dios, pues decían que el todopoderoso gustaba de la tranquilidad. Piense en lo absurdo de esta reflexión. Si el Sumo Hacedor ha sido capaz de crear el universo, mantenerlo donde ahora se encuentra y escuchar nuestras plegarias, indudablemente su propio entorno no está en silencio.

Así que puede emplear la meditación para asuntos más pragmáticos, como relajarse y reducir el estrés, un tipo de medicina complementaria que une el cuerpo con la mente.

La meditación produce un profundo estado de relajación y una mente tranquila, y durante el proceso se enfoca la atención en eliminar la corriente de pensamientos desordenados que pueden abarrotar la mente y causar estrés. El resultado de este proceso es un bienestar físico y emocional mayor. Pero no se equivoque: que usted no piense en algo no quiere decir que no esté incrustado en su inconsciente. Allí seguirá a menos que modifique su percepción.

Por eso, meditar sobre un problema no es adecuado, pues ya tenemos bastantes problemas como para preocuparnos también de meditar correctamente, algo que se suele hacer cuando se acude a centros organizados de meditación. Y si nos evadimos de los problemas meditando, o eso creemos, solamente hemos realizado un ejercicio de control sobre nuestra mente; no estamos meditando.

La meditación tampoco es la búsqueda de una experiencia trascendental que nos proporcionará gran energía para volvernos más sagaces o sabios. No es un logro personal, ni sentarse cerca de Dios. Es un estado de la mente en la cual el "yo" está ausente y, por tanto, esa misma ausencia trae orden, y deber haber ese orden para seguir adelante. Sin ese orden las cosas se vuelven absurdas.

Ahora escuchamos frecuentemente el nombre de "meditación consciente". El colmo del absurdo. Estamos alertas y conscientes meditando. ¿Nadie se cuestiona esta incongruencia? Pero ahí les tienen: tumbados en una sala, con los pies descalzos, los ojos cerrados y los dedos de las manos formando un cero, uno a cada lado. Silencio. Están meditando.

Lean lo que decía Krishnamurti:

Para observar el desorden, el "yo" con sus recuerdos,
con sus estructuras del tiempo, no debe estar presente;
entonces en esa cualidad hay una quietud en la mente que observa,
y esa quietud no es algo que se consiga con ninguna práctica,
sino que viene con naturalidad cuando uno tiene orden.

Beneficios de la meditación

El pensamiento se libera, ni piensa ni deja de pensar. Se deja pasar. No adhiere ni rechaza, como si las ráfagas mentales fueran nubes que atraviesan el cielo sin dejar rastro. Esta tranquila y atenta contemplación llevará al seguidor a descubrir su naturaleza, del mismo modo que cuando dejamos de remover el agua de un estanque podemos al fin ver el fondo.

La meditación puede dar una sensación de calma, paz y equilibrio que beneficia tanto al bienestar emocional como a la salud en general. No nos aleja del mundo y más acertadamente nos acerca a la consciencia universal, nos integra. Y estos beneficios no terminan cuando finaliza la sesión de meditación. Poco a poco podemos tener más calma los días conflictivos y podemos incluso mejorar ciertas condiciones de salud.

Cuando se medita, nos alejamos del exceso de información que se acumula cada día y contribuye al estrés. No obstante, los buenos resultados no siempre se consolidan y poco después el individuo puede encontrarse en la misma situación emocional que le condujo a necesitar meditar. Eso ocurre cuando buscamos en la meditación un remedio y no una guía.

Los beneficios emocionales de la meditación incluyen:

> Obtener una nueva perspectiva sobre las situaciones de estrés.
> La formación de habilidades mentales para manejar el estrés.
> El aumento de la autoconciencia.
> Centrarse más en el presente.
> La reducción de las emociones negativas, especialmente del pesimismo.

La meditación y la enfermedad

La meditación también puede ser útil si se padece una enfermedad, especialmente aquella que puede ser agravada por el estrés.
Algunas investigaciones sugieren que puede ayudar a afecciones tales como:

Alergias
Ansiedad
Asma
Digestión difícil
Cáncer
Depresión
Enfermedad del corazón
Hipertensión
Dolor
Problemas del sueño
Abuso de drogas y medicamentos

En algunos casos, la meditación puede empeorar los síntomas asociados con ciertas alteraciones de salud mental, ya que remover los conflictos los puede agudizar.

3.2.1 Tipos de meditación

Nadie se ilumina imaginándose como un "ser de luz", sino hurgando en sus sombras.

Meditaciones activas
La meditación activa es un estilo que propugna el movimiento seguido por el silencio. Creada y usada por el gurú hindú Bhagwan

Shree Rajneesh, quien más tarde fue renombrado simplemente como Osho, nos aseguró haber conocido alrededor de 100 técnicas de meditación, y finalmente practicó la meditación activa a sí mismo. Insistiendo en esta idea, creó escuelas para difundir un estilo de meditación que involucra la actividad física, asegurando que así era más práctico para el mundo moderno que la simple pasividad meditativa.

La meditación activa se practica en etapas y puede ayudar a calmar la mente y mejorar la sensibilización sobre el mundo. Aunque no hay un único método para la práctica de esta meditación activa -se practican ya muchos tipos-, hay algunas pautas comunes que se pueden seguir y en las que basar las rutinas.

Según sus divulgadores, esta meditación es una manera rápida, intensa y exhaustiva de romper viejos patrones arraigados en el cuerpo-mente que guardan una prisión con el pasado, y para experimentar la libertad usando el el silencio y la paz que se esconden detrás de estos muros.

La meditación activa es mejor hacerla en la madrugada cuando, como explica Osho, "la totalidad de la naturaleza cobra vida, la noche ha pasado, el sol se acerca y todo se vuelve consciente y alerta".

Esta es una meditación en la que es necesario estar continuamente alerta, consciente, se haga lo que se haga, esencialmente al respirar. La segunda etapa es la catarsis, el tercer paso, el mantra.

La mente permanece observante, pero sin perderse en mundos quiméricos en los que es fácil extraviarse. La respiración totalmente consciente, llegando a ser uno con ella, convirtiéndonos en testigos y no en protagonistas de ella. No se fuerza la respiración ni se controla, se la observa. Después, hay que efectuar respiraciones profundas, nuevamente siendo testigos, como si fuéramos espectadores de nosotros mismos, aunque sin dejar de centrarse y mirar.

Al finalizar los tres pasos y cuando todo se detiene, se llega a la cuarta etapa, en la que nos convertimos en alguien completamente inactivo, congelado; entonces esta vigilancia llegará a su punto máximo. La quinta etapa, con una duración de 15 minutos, se hace con música y bailando.

El proceso dura una hora y tiene finalmente cinco etapas. Hay que mantener los ojos cerrados, usando una venda si es necesario y aunque se puede hacer solo, puede ser aún más poderosa si se hace con los demás.

Meditación guiada

A veces llamada visualización guiada, con este método de meditación nos inducen a formar imágenes mentales de lugares o situaciones que se consideran relajantes. Se intenta usar tantos sentidos como sea posible, tales como olores, lugares, sonidos y texturas. El procedimiento suele ser llevado por un guía o maestro.

Meditación Mantra

En este tipo de meditación, en silencio se repite una palabra tranquilizadora, pensamiento o frase para evitar distracciones. El mantra más universal OM, produce vibraciones corporales muy sutiles que ayudan a estabilizar las emociones corporales.

Los siguientes, son tres mantras habituales para sentir la felicidad.

"Om mani, pedme hum".
"Om sri govindaya namah"
"Om hrim brahmaya namah"

Meditación Mindfulness

A pesar de que tiene sus raíces en la meditación budista, lo que ahora conocemos se debe esencialmente al trabajo de Jon Kabat-Zinn, quien lo introdujo en la Universidad de Massachusetts

Medical School en 1979.

La meditación de atención plena se basa en ser consciente, o tener una mayor conciencia y aceptación de la vida en el momento presente. Se trata de ampliar el conocimiento consciente y centrarse en lo que se experimenta durante la meditación, como el flujo de la respiración. Así podemos observar los pensamientos y emociones, dejándolos pasar sin juicio.

El objetivo es hacer que la atención esencialmente sea continuada, lo que es particularmente útil cuando es difícil establecer una práctica regular de la meditación.

Mindfulness significa mantener una conciencia momento a momento de nuestros pensamientos, sentimientos, sensaciones corporales, y el medio ambiente circundante. También implica aceptación, por lo que hay que prestar atención a nuestros pensamientos y sentimientos sin juzgarlos, sin creer que hay una "correcta" o "incorrecta" forma de pensar o sentir en un momento dado.

Cuando practicamos la atención plena, nuestra sintonía de pensamientos se centra en lo que estamos sintiendo en el momento presente, en lugar de movernos entre una mezcla de sucesos pasados y deseos futuros.

Meditación trascendental

Fue introducida en occidente por Maharishi Mahesh Yogi, físico, matemático y erudito en los Vedas. Según sus divulgadores, no es sólo una técnica para reducir el estrés, sino que se trata de un procedimiento práctico para desarrollar la conciencia y para ampliar el potencial mental mediante la utilización de zonas cerebrales que normalmente no son utilizadas.

Permite que la mente se asiente hacia adentro, hacia la fuente del pensamiento -la conciencia pura-. Este es el nivel más silencioso y tranquilo de la conciencia, nuestro yo más profundo.

Los primeros estudios sobre la técnica de la MT se llevaron a cabo en la Facultad de Medicina de Harvard en la década de los 70, y se publicaron en la revista Science, American Journal of Physiology, y Scientific American. En estos estudios se llegó a al conclusión de que la técnica de la MT produce un estado único de "alerta en descanso" de la mente y el cuerpo.

Desde entonces, otros estudios han referido las ventajas de mantener un estado de alerta en descanso. A pesar de que el cuerpo está en un estado de descanso profundo, la mente está alerta y no dormida, como lo indica el notable aumento de las ondas alfa durante la práctica de la MT, lo que no ocurre cuando se practica otras meditaciones que implican la concentración o la atención plena.

Más de 350 artículos publicados y revisados por otros estudios han encontrado colectivamente que la técnica MT produce beneficios de bienestar inmediato y de largo plazo para la mente y el cuerpo.

El término "meditación trascedental" se refiere a que durante esta técnica la percepción del individuo se asienta y experimenta un estado singular de alerta en profundo descanso -la conciencia trascendental-, el estado mas simple de la facultad consciente humana, donde la conciencia esta abierta a sí misma.

Esta experiencia desarrolla la potencialidad creativa latente del individuo, al mismo tiempo que elimina el agotamiento y la tensión acumulada mediante el descanso profundo obtenido durante la práctica. El resultado es un aumento de la creatividad, dinamismo, orden, poder organizador, así como eficacia y éxito creciente en la vida diaria. Seguramente serán más felices al terminar.

Meditación según Krishnamurti

Jiddu Krishnamurti (1895-1986), es considerado como una de las más grandes figuras filosóficas y espirituales del siglo XX, a pesar de que nunca afirmó lealtad a ninguna casta, nacionalidad o religión, ni seguía una tradición. Su propósito era alertar sobre las limitaciones destructivas de la mente condicionada.

Viajó por todo el mundo durante casi sesenta años y nunca tuvo un hogar permanente, aunque solía quedarse eventualmente en Ojai (California), Brockwood Park (Inglaterra) y en Chennai (India).

En sus conversaciones, señaló a la gente la necesidad de transformarse a sí mismos a través del conocimiento de uno mismo, siendo consciente de las sutilezas de sus pensamientos y sentimientos en la vida cotidiana, y cómo este movimiento se puede observar a través del espejo de la relación.

Según insistía, lo importante en la meditación es la cualidad de la mente y del corazón. No es lo que uno consigue, o lo que dice que alcanza, sino más bien la cualidad de una mente que es inocente y vulnerable. Pero el pensamiento nunca es inocente, así que la meditación es el cese del pensamiento, no por el meditador, sino porque el meditador es la meditación.

Cuando se pasea por las colinas, hay que dejar que todo hable de la belleza y del dolor de la vida, de manera que se despierte su propio sufrimiento y su final feliz.

Solía dirigir su proceso meditativo de esta forma:

"Ante todo permanezcan sentados en completa quietud, cómodamente, muy serenos, relajados. Ahora, miren los árboles, las colinas, la sombra de esas colinas, mírenlas, miren la cualidad de su color, obsérvenlas. No escuchen a nadie. Observen y vean los árboles. No los miren con la mente, sino con los ojos.
Después de haber mirado todos los colores, la forma del suelo, de

las colinas, de las rocas, la sombra que proyectan, trasládense
entonces de lo externo a lo interno y cierren los ojos, cierren los
ojos completamente.
Han terminado de mirar las cosas exteriores y ahora, con los ojos
cerrados, pueden mirar lo que ocurre dentro. Observen lo que
ocurre dentro de ustedes, no piensen, sólo observen, no muevan
los globos oculares, manténgalos muy, muy quietos, porque ahora
no hay nada que ver con ellos, ustedes han visto las cosas que les
rodean, ahora están viendo lo que ocurre dentro de la mente, y
para ver lo que ocurre dentro de la mente deben estar muy quietos
en lo interno.
Y cuando hacen esto, ¿saben lo que les sucede? Se vuelven muy
sensibles, muy atentos a las cosas externas e internas.
Entonces descubren que lo externo es lo interno, descubren que el
observador es lo observado".

Meditación vipassana

Vipassana significa una visión clara del cuerpo y la mente, en
ocasiones bajo el nombre de Bhavana Vipassana o meditación
consciente. Utiliza la técnica de la atención plena para observar
cada detalle de nuestra experiencia mental y física de momento a
momento, con una actitud imparcial. Mediante su práctica
podemos ver y posteriormente eliminar las causas del sufrimiento,
que están dentro de nosotros mismos.

Para centrar la atención imparcial en el momento presente hay que
tener conciencia y aceptación de lo que está ocurriendo en el ahora
inmediato, sin juzgar o añadiendo datos de nuestras vivencias.
Haciéndolo así vemos las cosas como son en realidad, libre de
asociaciones subjetivas. La práctica sistemática finalmente elimina
la causa del dolor físico y mental, purifica la mente, y se traduce
en una felicidad estable que no se ve afectada por los estados de
ánimo o las circunstancias externas.

La meditación Vipassana proviene de la tradición del budismo Theravada, una escuela basada en un conjunto de textos llamados "canon pali", considerados como el registro más antiguo conocido de las enseñanzas budistas. En conclusión, es una técnica simple, suave y conveniente para los hombres y mujeres de cualquier edad, raza o credo.

3.2.2 Elementos de la meditación

Algunas de las características más comunes en la meditación universal incluyen:

Atención focalizada (Focusing).
Enfocar la atención es generalmente uno de los elementos más importantes de la meditación. Esto ayuda a liberar la mente de las muchas distracciones que causan el estrés y las preocupaciones. Resulta agradable enfocar la atención en cosas tales como un objeto específico, una imagen, un mantra, o incluso la respiración.

La respiración relajada.
Esta técnica consiste en la respiración profunda, incluso bajando el de ritmo, utilizando el músculo del diafragma para expandir los pulmones. El propósito es reducir la respiración, inhalar más oxígeno y reducir el uso de los músculos de los hombros, cuello y parte superior del pecho mientras se respira de manera más eficiente.

Un entorno tranquilo.
Si es un principiante, la práctica de la meditación puede ser más fácil si está en un lugar tranquilo con pocas distracciones. A medida que sea más hábil en la meditación, puede ser capaz de hacerlo en cualquier lugar, especialmente en situaciones de alto

estrés, como un atasco de tráfico, una reunión de trabajo estresante o una larga cola en la tienda de comestibles.

Una posición cómoda.
Se puede practicar la meditación si está sentado, acostado, caminando o en otras posiciones o actividades. Sólo hay que tratar de estar cómodo para que se pueda sacar el máximo provecho de la meditación.

Formas cotidianas para practicar la meditación.
Debe evitar buscar una manera "correcta" de meditar; eso añade estrés. También puede acudir a centros de meditación especiales o clases en grupo dirigidos por instructores capacitados; pero también puede practicar la meditación fácilmente de modo libre.
Se puede hacer meditación formal o informal, como quiera -lo que se adapte a su estilo de vida y situación-. Algunas personas incorporan la meditación en su rutina diaria. Por ejemplo, pueden empezar y terminar cada día con una hora de meditación, aunque lo único que necesita es un par de minutos de tiempo de calidad.

Algunas maneras para practicar la meditación por su cuenta:

Respire profundamente.
Esta técnica es buena para los principiantes porque la respiración es una función natural.

Enfoque toda su atención en su respiración.
Concéntrese en sentir y escuchar al inhalar y exhalar por la nariz.

Respire profunda y lentamente.
Cuando se distrae la atención, vuelva suavemente su atención a la respiración.

Analice su cuerpo.
Cuando se utiliza esta técnica, debe centrar la atención en diferentes partes del cuerpo. Debe tomar conciencia de las diversas sensaciones, ya sea el dolor, la tensión, el calor o la relajación. Combine el escaneo del cuerpo con ejercicios de respiración e imagine el calor de la respiración o relajación dentro y fuera de diferentes partes del cuerpo.

Repetir un mantra.
Lo mejor es diseñar nuestro propio mantra, ya sea religioso o secular. Ejemplos de mantras religiosos incluyen las oraciones de Jesús en la tradición cristiana, el santo nombre de Dios en el judaísmo, o el mantra OM del hinduismo, el budismo y otras creencias orientales.

Caminar y meditar.
Combinar un paseo con la meditación es una forma eficiente y saludable de relajarse. Puede utilizar esta técnica en cualquier lugar que esté caminando, sea un bosque tranquilo, una acera de la ciudad o en el centro comercial. Cuando se utiliza este método, hay que ralentizar el ritmo de la marcha para poder concentrarse en cada movimiento de las piernas o pies. No se concentre en un destino en particular y hágalo en sus piernas y pies, repitiendo palabras de acción en su mente como levantar, mover y colocar cada pie, mover la pierna hacia adelante y poner el pie en el suelo.

Participar en la oración.
La oración es el ejemplo más conocido y más ampliamente practicado de meditación. Las oraciones habladas y escritas se encuentran en la mayoría de las tradiciones religiosas, pero podemos orar usando nuestras propias palabras o leer oraciones escritas por otros.

Leer y reflexionar.

Muchas personas dicen que se benefician de la lectura de poemas o textos sagrados, y emplean un momento para reflexionar en silencio sobre su significado. También se puede escuchar música sacra, palabras habladas o cualquier música que se encuentre relajante o estimulante. Es posible que desee escribir sus reflexiones en un diario o hablar con un amigo o líder espiritual.

Enfoque su amor y gratitud.

En este tipo de meditación, podemos centrar la atención en un objeto sagrado o ser, tejiendo los sentimientos de amor y gratitud en los pensamientos. También podemos cerrar los ojos y usar la imaginación o contemplar representaciones del objeto.

3.2.3 La construcción de sus habilidades de meditación

No juzgue o trate de perfeccionar sus habilidades de meditación; eso sólo puede aumentar el estrés. Pero la meditación requiere práctica. Tenga en cuenta, por ejemplo, que es habitual que la mente divague durante la meditación, sin importar el tiempo que lleve practicándola. Si está meditando para calmar su mente (recuerde que primero debe relajar su cuerpo) y se distrae, vuelva lentamente al objeto, sensibilidad o el movimiento que esté enfocando. Experimente cómo realizarla para averiguar qué tipo de trabajo de meditación es mejor para sí mismo y lo que le gusta hacer. Adaptar la meditación a sus necesidades es lo que debe hacer, por eso no nos gustan las meditaciones guiadas. Recuerde, no hay una manera correcta o incorrecta de meditar. Lo que importa es que la meditación ayude a reducir las tensiones y a sentirse mejor en general.

3.3. Constelaciones familiares

El rencor se mantiene con razones, la venganza con acciones; pero ninguna lleva a la felicidad.

Aunque esté justificada la controversia sobre las *Constelaciones Familiares,* merecen una mirada y una reflexión. Fundamentalmente, porque la satisfacción de los practicantes le concede el beneficio de la duda acerca de sus posibles efectos sanadores. Y además, porque aporta una perspectiva generalmente desestimada en la psicoterapia (y en la psicología en general), que reconoce la transmisión, a través de las generaciones, de conflictos, preocupaciones familiares y modos de comportarse que derivan en, o de alguna forma determinan, los problemas psicológicos actuales. Esta perspectiva "hereditaria" dicen que no depende de la transmisión genética, pero entonces no es posible explicarlo mediante otro método conocido hasta ahora. A falta de una hipótesis clara, de la exposición de sus autores se deduce que tal herencia posee más bien el carácter de una transmisión cultural. A tal perspectiva se le debe conceder la duda de su interés clínico, sin perjuicio de los reparos acerca de su validez o de la dificultad de comprobarla.

El ámbito de actuación propio de las *Constelaciones Familiares* lo constituyen los problemas personales, ya sean de índole relacional, trastornos psicológicos propiamente dichos o enfermedades médicas. Últimamente ha encontrado también utilidad en el ámbito escolar, como instrumento para la solución de conflictos padres-escuela o dentro del aula. Un campo de actuación igualmente reciente y que parece prometedor, es el de la consultoría de organizaciones y empresas. La información obtenida a través de la aplicación de la técnica, que saca a la luz las interacciones que caracterizan al sistema en cuestión, se utiliza como ayuda para tomar decisiones, tanto relativas a recursos humanos como logísticas.

La virtud de esta técnica es que el modo de aplicarla es igual para todos los grupos, lo que aumenta el campo para su aplicación terapéutica. ¿Quién se hubiera podido imaginar que se pudiera hacer terapia de grupo a los trabajadores conflictivos de una empresa? ¿Quién hubiera sugerido que una clase docente pudiera solucionar sus conflictos simplemente con realizar una "constelación familiar"?

Creo, y esto casi lo puedo vaticinar sin miedo, que los postulados de Bert Hellinger solamente acaban de empezar, y en el momento que la clase científica abandone su elitismo, las *Constelaciones Familiares* pasarán a ser una buena manera de solucionar conflictos de grupo.

Las generaciones familiares

La idea de que los antepasados, su influencia, sus vivencias, son una parte importante en la vida de las personas, se encuentra extendida entre la mayoría de las culturas tradicionales del planeta, existiendo férreas tradiciones en América Latina, África, China y Japón, incluso entre las clases económicamente poderosas.

En la Europa antigua, el culto a los antepasados era también un elemento comúnmente aceptado, y por eso se erigían altares hogareños para tenerlos siempre presentes. La pervivencia de algunas fiestas paganas dentro del marco cristiano actual, como la celebración del Día de los Difuntos, nos recuerda que, aunque casi borrada de nuestra conciencia, el alma familiar sigue viva y presente. Sin embargo, debemos reconocer que en occidente en general, la figura de los difuntos familiares ya no tiene el peso de antaño, como tampoco la tienen los ancianos, ni siquiera para consultarles.

¿Cómo buscar causas de comportamiento en familiares desaparecidos, de los cuales apenas si guardamos unos someros recuerdos, mayormente por boca de nuestros padres? Aunque todos admitimos que los genes heredados nos forman sutilmente nuestra identidad, resulta poco fiable describir el comportamiento de personas hace tiempo fallecidas. Al menos, nos faltará objetividad.

Cuando en el siglo XX irrumpieron el psicoanálisis y el conductismo (doctrina psicológica basada en la observación del comportamiento objetivo de la persona que se estudia), la influencia del árbol genealógico se descuidó, centrando su atención en el núcleo familiar más inmediato, así como en el propio comportamiento del individuo. Desde ese momento, la figura de los padres alcanzó una importancia tal que solamente se hablaba de ella en las terapias psicológicas, habitualmente de forma peyorativa. Llegaron los traumas de la niñez.

Con la llegada de este nuevo siglo, nuestra sociedad está empezando a recuperar algo que durante milenios formó parte de su bagaje cultural y que sólo en tiempos recientes fue rechazado: el concepto global de familia, tanto presente como fallecida. Ahora también se reconoce la influencia de personas menos presentes en nuestras vidas, como los tíos, abuelos, primos, lo que indudablemente nos lleva a una suma de datos que nos pueden confundir.

Así, en este campo de investigación y de sanación, están surgiendo nuevas terapias, nuevos conceptos y nuevas propuestas, basadas todas en una idea fundamental: **no podemos huir del sistema familiar, no podemos negarlo ni ignorarlo**. De hecho, adondequiera que vayamos, llevaremos con nosotros toda nuestra historia y la historia de nuestros antepasados. Y ante la historia de la familia sólo tenemos una opción constructiva: conocerla, aceptarla, integrarla, y a partir de ahí, liberarnos y abrirnos a una nueva dimensión de la existencia. Claro que en demasiadas ocasiones se repite el mismo esquema erróneo: la familia es culpable y responsable de nuestros actos actuales; nosotros siempre somos las víctimas.

La forma más fácil y directa para conocer la historia familiar consiste en preguntar, en interesarse por ello. Las personas de mayor edad suelen guardar la memoria del clan y se convierten así en la mejor referencia directa.

El estudio de los árboles genealógicos, de los archivos y las fotografías, representan también una ayuda fundamental.

Las nuevas terapias generacionales proporcionan también un marco adecuado para la comprensión y la sanación de las historias familiares no resueltas. Esta es la idea original de las *Constelaciones Familiares*, pues introducirse en esta terapia nos da la oportunidad de ver de un modo directo e inmediato cómo está el sistema familiar y cuáles son los nudos o las dificultades que se han generado en el clan y que tienen una repercusión directa en nuestra vida presente. Después, y para evitar ser unos simples observadores de nuestra historia familiar, tratando de cumplir la misión de estas terapias, hay que buscar la aceptación de lo que existe por medio de maniobras correctoras que permitan crear una nueva imagen familiar interior. La huida, el reproche o sentirse víctima, no son opciones.

Cómo se forma un taller de constelaciones familiares

Se lleva a cabo en grupo y generalmente en una sola sesión para cada constelado, y consiste básicamente en una reestructuración

93

del esquema de la familia de origen del cliente, el cual ha colocado en el centro de la estancia a algunos de los participantes en la sesión, que actúan como representantes de los miembros de su familia, de forma que configuran un árbol genealógico viviente.

Normalmente las sesiones tienen el formato de seminarios de dos o tres días que permiten tratar grupos familiares distintos. Los participantes acuden movidos por el deseo de superar algún problema concreto, que puede variar por todo el espectro del malestar psicológico.

Los grupos de terapia son entre 15 personas, pero en ocasiones pueden llegar a 50, existiendo diversas clases de asistentes a una reunión o seminario: los participantes o buscadores (clientes), los representantes, los simplemente espectadores y el terapeuta o constelador.

Los primeros, de a uno, irán exponiéndole al terapeuta el tema a "representar": problemas económicos, dificultades en su pareja o con su familia, y problemas de salud tanto física como mental.

Cada participante intentará tener presente su árbol genealógico, porque el terapeuta comenzará a preguntarle sobre sucesos trágicos o conflictivos en su familia de origen. A lo largo de la jornada de trabajo, cada persona sale a exponer su caso y el terapeuta escucha a la persona y le hace las preguntas necesarias para aclarar la cuestión, incidiendo en aquellos temas que estén relacionados con la historia familiar (parientes excluidos, muertes prematuras, víctimas de conflictos, emigrados). En algunos casos, se elabora un genograma (gráfico que muestra los miembros que conforman la familia) para clarificar el esquema genealógico.

A continuación, el cliente elige de forma intuitiva entre el resto de los asistentes a los que representarán a los miembros de su familia, incluido él mismo, pues durante la configuración el interesado adopta un papel pasivo como observador externo de la escena. Dispuestos en círculo y por turnos, cada participante expresa de viva voz y de forma muy breve en qué consiste tal demanda, para pasar inmediatamente a *configurar* a su familia (a *colocarla*, según la denominación original). Como hemos dicho, antes de empezar el coordinador o terapeuta del grupo se informa también sucintamente sobre la estructura de la familia, y de forma especial sobre eventos pasados relevantes que el cliente pueda recordar: fallecimientos prematuros, enfermedad mental, pérdidas importantes.

El terapeuta elegirá qué miembros de la familia serán representados primero y el participante elegirá entre el público a personas que representen a su familia e incluso a él mismo. El participante colocará a estas personas en el lugar y en la dirección que intuitivamente sienta. También se pueden elegir miembros o representantes que tengan que ver con el tema de la Constelación. Una vez colocados los representantes, se sienta y observa.

En la representación toman parte sin excepción los padres y hermanos, con frecuencia también abuelos, tíos u otros miembros cuya participación el coordinador juzga conveniente, y con independencia de si están o no con vida. Si es preciso, el proceso se remonta a cuantas generaciones el cliente pueda recordar. En ocasiones intervienen también personas no emparentadas o incluso circunstancias: puede elegirse un representante para una enfermedad o para la ocupación laboral de algún miembro, para un accidente acaecido, etcétera, siempre que el coordinador lo considere determinante para la comprensión de una constelación familiar concreta.

Muy chocante resulta para el profano que todos los familiares fallecidos prematuramente, los bebés nacidos muertos, e incluso en ocasiones los abortos, deben estar representados en la constelación, pero tiene su significado. Una función especialmente importante la desempeñan también todos aquellos parientes que por algún motivo especial (alcoholismo, homosexualidad, crimen, enfermedad) fueron en su momento excluidos de la familia. También las parejas anteriores de padres y abuelos pueden ser representadas, sobre todo si desaparecieron del panorama familiar por fallecimiento o por cualquier otra circunstancia forzosa o no deseada.

Una vez elegidos los participantes que actuarán en la configuración, y puestos éstos en pie, esperan a ser "colocados" por el interesado. Para ello, éste los empuja suavemente por la espalda hasta lograr para cada uno de ellos una determinada posición y orientación en la estancia. Cuando todos los representantes han sido colocados se observa una primera configuración de la familia, caracterizada por las posiciones relativas de unos miembros respecto de otros, y que se supone son la proyección de la imagen que el cliente tiene de ella. Tras dejarle actuar unos segundos sobre los representantes, el coordinador pregunta a cada uno de ellos cómo se encuentra en esa ubicación y orientación concreta, lo que incluye emociones, sensaciones corporales y especialmente posibles tensiones percibidas. Esta pregunta está formulada en un sentido psíquico, puesto que los representantes deben expresar el puro sentir aquí y ahora, sin aderezarlo ni contaminarlo con explicaciones, razonamientos o justificaciones de ningún tipo.

Luego el coordinador explica los esquemas de funcionamiento del sistema que se está trabajando, pidiéndoles que actúen correctamente. Este es un proceso clarificador, en el que el cliente puede reconocer la realidad del sistema.

Allí se desencadena lo que Bert Hellinger denomina un proceso fenomenológico: los "sustitutos" (representantes) comienzan a actuar como las verdaderas personas, e irán diciendo lo que perciben y sienten, y guiados por el coordinador se moverán hacia posiciones más cómodas, e incluso el terapeuta podrá elegir nuevos representantes para distintos miembros de familias, vivos o fallecidos, o para sensaciones abstractas como una enfermedad, la muerte, el dinero o el amor, que vayan surgiendo en el acontecer de las representaciones familiares.

Como respuesta a este sentir, y siempre bajo la dirección del coordinador, la configuración inicial va cambiando poco a poco a través de reposicionamientos, hasta que se logra un grado de bienestar aceptado por todos.

El proceso puede revelar que algún personaje importante fue omitido al inicio; en ese caso otros participantes son invitados a sumarse a la escena. Cuando se llega a la configuración final (lo que se llama la *solución*), el interesado (cliente) se incorpora tomando el lugar de su representante.

Los cambios que han sucedido y la imagen final de la familia suelen resultar altamente significativos para el cliente, que por lo general manifiesta sentirse finalmente aliviado y haber conseguido un importante grado de comprensión y de implicación con sus circunstancias familiares. Es frecuente que se sienta emocionalmente muy conmovido, pero no sólo él o ella. Sorprende la facilidad con la que intensas emociones e incluso lágrimas fluyen entre los propios representantes.

La configuración de una familia se remata con la pronunciación de algunas frases sencillas, que poseen un cierto carácter ritual y que están encaminadas a clarificar relaciones. Se puede sugerir, por ejemplo, que una hija le diga a su madre (recordemos que estamos hablando de representantes y no de madres e hijas reales): "Yo sólo soy la hija, los problemas de tu matrimonio son cosa tuya"; o que un hombre se dirija a la fallecida primera esposa de su padre: "Gracias a tu muerte he podido nacer yo y te honro por eso". La reacción de los otros miembros a la pronunciación de estas frases sirve para evaluar si sus contenidos son acertados, y si las tensiones se han aliviado.

Si ello es así, los cambios en la configuración habrán tenido un efecto positivo en el interesado. Todo el proceso puede durar entre 15 minutos y una hora. Aunque no es tan habitual, también es posible configurar la familia actual en lugar de la de origen siguiendo el mismo proceder.

A continuación, el coordinador puede proponer la creación de un nuevo tipo de imagen sanadora, situando a los representantes o a la persona de otra manera. El proceso sanador culmina con la reconciliación y la restauración del orden.

El desenlace de estas manifestaciones expresará los vínculos de amor y dolor que unen a las familias, pudiendo salir a la luz razones y secretos. Es entonces cuando aparece una "imagen-solución" donde existe un orden espacial básico, y en el cual todos los miembros (representantes) se sienten bien, lo que provoca un alivio para el participante y será el comienzo para la resolución de sus relaciones negativas existentes.

Para sintetizar lo dicho hasta ahora puede decirse que, según la idea general de las Constelaciones Familiares, cada miembro de una familia debe ocupar un determinado puesto respecto de los demás, en el que se sienta aceptado y respetado, y asumir las responsabilidades y funciones que le son propios (pero no más.)

En el transcurso de una Constelación Familiar, los lugares físicos que ocupan los representantes se consideran una metáfora de este orden familiar, o para ser exactos, de la imagen que el cliente tiene de ese orden. Así, la asunción terapéutica básica mantiene que, a través de las Constelaciones Familiares, esta imagen cambiará para bien, es decir, en la dirección de aliviar tensiones y distorsiones y procurando así un efecto sanador.

Realmente, Hellinger basó su proceso en el Psicodrama de Jacob Moreno, una representación teatral sin ensayo previo que intentaba llegar a las raíces de las familias, mediante el transporte generacional psicológico hasta el presente.

Según Moreno, *"el psicodrama es una nueva forma de psicoterapia que puede ser ampliamente aplicada. Históricamente el psicodrama representa el punto decisivo en el tratamiento del individuo aislado hacia el tratamiento del individuo en grupos, del tratamiento del individuo con métodos verbales hacia el tratamiento con métodos de acción. El psicodrama pone al paciente sobre un escenario, donde puede resolver sus problemas con la ayuda de unos pocos actores terapéuticos. Es tanto un método de diagnóstico como de tratamiento.*
Del mismo modo, una constelación puede servir como proceso adjunto clarificador dentro de un curso convencional de psicoterapia, aunque con la novedad de que aquí el cliente apenas habla y su participación se centra en identificar a sí mismo y los miembros de su familia, pero nunca empleando la narrativa de su propio problema.

3.4. Creencias místicas y religiosas

3.4.1 Budismo

El dolor es inevitable, pero el sufrimiento es opcional.

El Buda histórico nació aproximadamente en el año 550 (a.C) en India. Cuando era joven pasó seis años investigando y meditando, y reconoció la verdadera naturaleza de la mente, lo que denominó como el "despertar". Sus enseñanzas hacen a los seres intrépidos, jubilosos y amables, y ahora constituye la principal creencia de varios países asiáticos.

Desde los años setenta, la visión profunda del Budismo y su inmenso número de métodos, ha inspirado y fascinado a un número creciente de personas de todas las culturas occidentales, pues Buda se ve como un espejo eterno del potencial inherente de la mente.

Sidarta Gautama (el Buda) dio métodos para que el esclarecimiento pueda lograrse y dejó claro qué enseñanzas se relacionan con la verdad. Mostró a sus estudiantes prácticas y entendibles maneras para usar todas las experiencias de la vida como pasos hacia el esclarecimiento, dando métodos que llevan a la felicidad profunda y duradera. Animó a que sus estudiantes fueran escépticos y les invitó a verificar ellos mismos si sus enseñanzas eran dogmáticas o mostraban la verdad.

Los métodos de la meditación budista pueden generar cambios internos poderosos que permiten integrar las experiencias directamente para enriquecer nuestras vidas. Estos métodos facilitan llegar a los niveles de conciencia alcanzados a través de la meditación y en cierto modo los fijan en nuestra memoria.

La enseñanza más alta conocida es la denominada como Chag Chen o Dzogchen, como Mahamudra o Maha Ati, y nos permite evitar la separación entre el asunto, el objeto y la acción.

Las Cuatro Nobles Verdades

Según el budismo las cuatro nobles verdades son:

1. La vida incluye *duḥkha* (sufrimiento, insatisfacción o descontento).

2. El origen del sufrimiento es el *trsná* (anhelo, deseo. literalmente sed).

3. El sufrimiento puede extinguirse cuando se extingue su causa.

4. El noble camino es el método para extinguir al sufrimiento.

En concreto, el budismo prescribe un método, o camino, con el que se intenta evitar los extremos, la búsqueda excesiva de satisfacción y la consecuencia de una mortificación innecesaria. Este camino comprende la sabiduría mediante el conocimiento, la conducta ética o moral, y el entrenamiento de la mente racional y los sentimientos representados por el corazón, todo ello por medio de la meditación, la atención y la plena consciencia del presente de manera continua.

Los cuatro preliminares ordinarios o "Los cuatro modos de modificar la actitud mental", tratan de llegar a una comprensión plena de lo que significan estas reflexiones y sirven como base para una actitud de renuncia y una práctica constante y diligente. Estos temas de reflexión son:

1. La existencia humana. Nuestra existencia es difícil de conseguir y fácil de perder. Deberemos utilizarla de la mejor manera posible, desarrollando al máximo nuestro potencial para despertar nuestra naturaleza de Buda.

2. La impermanencia y la muerte. Todo cambia, nada permanece, nuestra vida es frágil como una burbuja y el momento de la muerte es incierto. Por ello **no debemos perder el tiempo apegándonos a lo que sin duda perderemos**, ya que nuestro tiempo de vida es incierto.

3. El Karma y sus consecuencias. Una acción virtuosa es causa de felicidad, una acción no virtuosa es causa de sufrimiento. Debemos actuar de la forma mas beneficiosa posible para nosotros y los demás, y abandonar totalmente las acciones negativas por pequeñas que nos parezcan.

4. El sufrimiento de la existencia. La esencia de nuestra existencia es el sufrimiento, sufrimos al nacer, al envejecer, al enfermar y al morir. Los que carecen de algo sufren por conseguirlo, los que tienen un poco sufren porque quieren más, los que tienen suficiente sufren para conservarlo, y al final todos perdemos lo que tenemos. Es por eso que debemos intentar trascender esta existencia y entender lo fácil que resulta ser feliz.

Al llegar a una comprensión profunda y sincera de estos cuatro temas, el creyente se está preparado para iniciar Los Cuatro Preliminares Extraordinarios o "Las Cuatro Grandes Tareas". Estas consisten en cuatro prácticas que hay que repetir un número determinado de veces, a saber:

1. La práctica de tomar refugio y generar el deseo de liberarse en beneficio de todos los seres (Bodhichitta).
2. Una práctica de purificación (Dorje Sempa).
3. Una práctica de acumulación de mérito (Ofrendas del Mandala).
4. Una práctica de devoción al gurú (Guru Yoga).

Estos preliminares pueden tardar varios años en completarse, y siempre deben de hacerse supervisados por un maestro o alguien con comprensión del tema y que ya los haya realizado.

Acabados los preliminares se inician las prácticas de la meditación Mahamudra o de los Tantras (plegarias y visualizaciones), usando de referencia a una deidad. Las deidades tibetanas no son seres que viven en los reinos de los dioses, son aspectos de la mente, y simbolizan la compasión, la sabiduría, el poder de la acción y los demás aspectos de la mente. Hay una gran cantidad de deidades, algunas pacíficas, otras airadas, pero todas son aspectos de la naturaleza de Buda.
Al realizarlas, el practicante desarrolla esa cualidad concreta, hasta el punto de llegar a su máxima comprensión y encontrar allí la verdadera naturaleza de su mente.

3.4.2 Karma

Nosotros modelamos nuestras vidas como un alfarero forma una vasija.

El Karma ("para hacer", "acción" u "obra") tiene una base real y a lo largo de la historia los videntes de India lo inmortalizaron en el Veda, aunque sufrió mala prensa cuando los misioneros europeos lo empequeñecieron denominándolo como "destino" y "fatalismo".

Hoy, los hallazgos demuestran que se trata de algo sutil y que abarca todos los principios que gobiernan el universo, involucrando por ello las experiencias del hombre, tal y como la fuerza de gravedad atrae a todos los seres. El Karma siempre ha estado y está aquí, con toda su fuerza, incluso cuando las personas no lo comprendan ni crean en ello.

La teoría del karma

La vida es gobernada a través de dos principios: el premio y el deseo. El deseo es la fuerza más potente en nuestra vida y gracias a ello tarde o temprano nuestros sueños se cumplen. Nosotros conseguimos cualquier cosa que deseamos si trabajamos para ello, pero al mismo tiempo tenemos que sufrir los efectos buenos o malos de nuestros hechos de acuerdo con el principio de la retribución. Este principio de retribución es conocido como la Ley del Karma. Se premian o castigan todos nuestros actos voluntarios que afectan agradablemente o desagradablemente a otros, de acuerdo con la ley de la justicia del Karma. Esta ley del Karma es justa y adecuada, y demuestra que la justicia cósmica debe ser estricta y distribuida de modo estable en la naturaleza, pues de ello depende el equilibrio de acción y reacción.

Nadie puede escapar o evadirse de las consecuencias buenas o malas de sus hechos y si las consecuencias no se pagan en esta vida aquí y ahora, con seguridad las pagará en otra vida, pues la vida es inmensa y variada. El ego tampoco se muere completamente y es esencial para que se cumplan las reglas y no exista injusticia en el universo, ya que nadie deja de existir sin haber sufrido las consecuencias de sus hechos. La muerte es sólo un cambio en nuestra vida; cierra el mundo físico nuestro y nos despierta en un mundo más sutil.

El destino: ¿inmutable o moldeable?

Nosotros intentamos, consciente o inconscientemente, ser perfectos, aunque la valoración de esta categoría cambia según las personas. Pudiera ser que no tuviéramos ningún mando sobre los eventos de la vida y la única cosa que podemos controlar es nuestra reacción a estos eventos. La vieja teoría de que el destino está escrito, choca nuevamente con aquellas que afirman que el destino nos lo labramos nosotros día a día.

Para que el objetivo a lograr pueda conseguirse, debemos combinar ambas posibilidades y tratar de que nosotros controlemos los acontecimientos que nos llegan. Pero hay acontecimientos que son difíciles de controlar, y nos referimos a aquellos que parecen demostrar que el destino está escrito, tal y como afirma el horóscopo. Por fortuna, nadie puede impedirnos que los controlemos y en ese momento es cuando tenemos la otra opción que mencionábamos antes. De esta manera, es como llegamos con la carga del Karma a cualquier encarnación dada.

Esto, no obstante, no nos está exigiendo que nos quedemos pasivos, en un estado catatónico mental, en espera de que lleguen los acontecimientos para modificarlos si es posible, sino que nos adelantemos a ellos.

Lo que nosotros podemos hacer, en cada evento, en cada circunstancia, es analizar cada situación actual o previsible y esperar los acontecimientos que llegarán de cualquier modo y desviarlos de nuestra vida.

Si no reaccionamos y adoptamos una posición de resignación y falta de lucha, nos creamos una impersonalidad, una separación respecto a los eventos, donde quedamos indiferentes tanto si nuestro Karma es bueno o malo.

Residuos kármicos

Hay dos posibilidades:

Una, permitirnos suponer que existe fuera de nosotros una cadena de condiciones causales que directamente se unen a los eslabones kármicos que realizamos en una vida pasada, sean dolorosos o gratos. Cuando realizamos una acción kármica suele tener un efecto inmediato en el mundo, y este a su vez (junto con otras condiciones), tiene sus propios efectos, y así sucesivamente. En el futuro, **todo lo que nos afecta tiene su origen en el hecho original,** aunque esto no nos debe llevar a negar que haya otras causas que provoquen nuevas situaciones. Posiblemente nuestras obras actuales puedan modificar sensiblemente las acciones anteriores.

Este guión, aunque lógicamente posible, es poco convincente. El hueco temporal entre la causa y el efecto se restringe a una pequeña parte de nuestra existencia, y se podría exigir (¿al Creador?) razonablemente que semejante conexión exista, pero que se aumentara el tiempo entre el acto original y el efecto causado más tarde.

Sin embargo, cuando el tiempo entre la acción kármica y la consecuencia se extiende durante varias vidas, posiblemente cientos de reencarnaciones, es imposible tratar de establecer una conexión causal directa que pueda formar parte, al menos, de nuestro inconsciente. Que esta conexión de causas opera siempre como un agente moral ejerciendo algún tipo de justicia cósmica impersonal, es más que una creencia razonable.

Las tres condiciones, relación causal directa, acción original, y compensación apropiada, son necesarias para la aplicación de la ley del Karma, aunque una explicación diferente de la relación causal es necesaria para que la doctrina del Karma sea creíble.

La segunda posibilidad es que el acto kármico original contribuya a generar un gran depósito de residuos kármicos. Estos residuos, en forma de fuerzas morales invisibles, potencias, o calidades, existen en cosas fuera de nuestro control y raciocinio, pero gracias a estas fuerzas morales existe la posibilidad de mejorar nuestra existencia.

Pero esta opción no sólo se enfrenta a las mismas dificultades que la opción anterior, sino que ocasiona la dificultad de explicar cómo se han creado estas fuerzas, cómo continúan existiendo en el universo, y cómo efectúan, en todo o en parte, los acontecimientos posteriores. Es decir, no sólo el proceso causal es imposible de verificar, sino que debemos admitir que las potencias kármicas invisibles son las responsables de ocasionar eventos (en mayor o menor medida) indescriptibles y no verificables.

3.4.3 Cristianismo

Hay más dicha en dar que en recibir.

El cristianismo es una religión monoteísta de orígenes semíticos que se basa en la vida, milagros y enseñanzas de Jesús de Nazaret, a quien se le considera como el hijo del único Dios. También se le atribuye su papel como el Mesías, un hombre divino enviado por Dios para liberar a los israelitas.
Su muerte consiguió que el ser humano fuera liberado del pecado original y tuviera una nueva oportunidad de redención.

Las escrituras aseguran que resucitó al tercer día.

Denominado como el Cristo, dio origen a una nueva religión que es seguida fielmente en todo el mundo, aunque ha padecido numerosas persecuciones, cismas y prohibiciones.

Sus axiomas:

Dios es nuestro Padre.
Jesús es nuestro Señor y Salvador.
El Espíritu Santo santifica y nos da el poder.
Nuestros pecados son perdonados.
Dios vive en nuestros corazones.
Todos formamos una gran familia.
Todo es para nuestro bien.
Dios es nuestro protector y guía
Contamos con todas las promesas de Dios.
Jesús ha preparado un lugar para nosotros en el cielo y nos recibirá allí.

Todo esto nos lleva a la felicidad en este mundo, aunque estemos inmersos en la desgracia, pues Dios nos tiene reservado el premio eterno. La felicidad del cristiano se basa en hacer el bien por los demás, antes de a uno mismo. El amor al prójimo antes que amarnos a nosotros; el amor a Dios, como la sublimación del amor.

El perdón de nuestros pecados es factible, pero también necesitamos perdonar a quienes nos hace daño. Cuando Jesús pidió "Padre, perdónalos, porque no saben lo que hacen", resumió su doctrina.

3.4.4 Islamismo

Al lado de la dificultad está la felicidad.

El islamismo es un conjunto heterogéneo de creencias ideológicas que busca adaptar la vida política con el islam, basado en las enseñanzas y vida de Mahoma.

El espectro político de estos movimientos es muy amplio y abarca posiciones desde partidos políticos islámicos que mantienen principios demócratas y moderados, hasta postulados extremos y radicales de naturaleza salafista, clasificados como islamistas o yihadistas.

Sus postulados son:

Creencia en Dios.
Dios es Uno, totalmente diferente al hombre. No tiene cara, manos ni ninguna característica humana.
Creencia en los ángeles.
Los ángeles, que están en todas partes, son seres creados por Dios. Existen cuatro arcángeles (el de la revelación, el patrón de los judíos, el que tocará la trompeta que destruirá el mundo el día del Juicio y el de la muerte).
Satanás fue un ángel que desobedeció a Dios, por lo que se le convirtió en un yin, otra orden de seres sobrenaturales, creados del fuego, que tienen el poder de poseer a las personas.

Creencia en los profetas.
Dios ha enviado a unos 124.000 profetas. El primero de ellos fue Adán y entre los otros están muchos personajes bíblicos como Noé, Abraham, Ismael, Isaac, Jacob, José, David, Salomón, Jonás,

Zacarías, Juan el Bautista y Jesús. Su misión es enseñar el camino divino y Mahoma es considerado el último profeta y el más grande.

Los musulmanes creen que todos los libros sagrados se han perdido excepto la Torá (ley judía), revelada a Moisés, el Sabur (Salmos), revelado a David, y el Injil (Evangelio), revelado a Jesús. Creen que el Corán, revelado a Mahoma, es la continuación de lo anterior y culminación de todo ello.

Fundamentos:

1.- LA UNICIDAD DE DIOS: El creador del universo, Él decide los asuntos de éste mundo, nadie lo asesora, no utiliza ayuda.

2.- LA JUSTICIA DIVINA: Realmente Alah no castiga las malas acciones de los hombres, sino que ellos son los injustos consigo mismos.

3.- LA PROFECÍA: Dios ha otorgado al hombre el intelecto y el libre albedrío para encontrar su camino hacia la perfección y la felicidad.

4.- EL IMAMATO: El Imam es la persona que está a cargo de todos los asuntos políticos y religiosos de la nación islámica. Es una persona que ha sido designada por Dios.

5.- La RESURRECCION O JUICIO FINAL: Partiendo de la justicia de Dios, no se dejará que el humillante se salve sin ser juzgado y el humillado sin obtener su derecho.

3.4.5 Hinduismo

El espíritu sereno acepta el placer y el dolor con una mente tranquila.

En el hinduismo hay diversidad de creencias, pero básicamente los hinduistas creen que detrás del universo visible (Maya), al que atribuyen ciclos sucesivos de creación y destrucción, hay otra existencia eterna y sin cambios. Abandonar el ciclo de reencarnaciones (samsara) y retornar al universo espiritual, constituye el mayor de todos los logros para los hinduistas.

En la corriente hinduista impersonal, Dios es denominado Brahman y todos los demás seres son su expresión, por lo que se le considera principio del universo.

Los mandamientos del hinduismo se definen en relación con lo que las personas hacen, más que con lo que piensan. Por consiguiente, hay una mayor uniformidad en aquello que las personas hacen, pero apenas en lo que creen.

Aunque tienen sus rezos (gayatri) que cantan al amanecer, tampoco hay acuerdo sobre qué otras oraciones deben ser pronunciadas.

Muchos hindúes veneran a Siva, Visnú y la diosa Devi, pero también adoran a centenares de deidades menores, propias de ciertos poblados o incluso familiares, existiendo reverencia por la casta de los brahmanes y las vacas. Respecto a leyes hay una prohibición de comer carne (en especial la de vacuno) y hay que contraer matrimonio sólo con un miembro de la misma casta (*jati*), con la esperanza de tener un heredero varón.

Puesto que no existe una jerarquía eclesiástica, se suple con la complicada estratificación social, inseparable de la religión, que da a cada persona la sensación de ocupar una posición dentro de este enorme grupo humano.

Para lograr felicidad hay cuatro preceptos:

Primera:

"La persona que llega, es la persona correcta", es decir, nadie llega a nuestras vidas por casualidad. Todas las personas que nos rodean, que interactúan con nosotros, están allí por algo, para hacernos aprender y avanzar en cada situación.

Segunda:

"Lo que sucede es la única cosa que podía haber sucedido". Nada de lo que nos sucede en nuestras vidas podría haber sido de otra manera. Ni siquiera el detalle más insignificante. No existe el… "si hubiera hecho tal cosa... hubiera sucedido tal otra...". No. Lo que pasó fue lo único que pudo haber pasado, y tuvo que haber sido así para que aprendamos esa lección y sigamos adelante. Todas y cada una de las situaciones que nos suceden en nuestras vidas son perfectas, aunque nuestra mente y nuestro ego se resistan y no quieran aceptarlo.

Tercera:

" En cualquier momento que comience es el momento correcto". Todo comienza en el momento indicado, ni antes, ni después. Cuando estamos preparados para que algo nuevo empiece en nuestras vidas, es allí cuando comenzará.

Cuarta:

"Cuando algo termina, termina". Si algo terminó en nuestras vidas, es para nuestra evolución, por lo tanto es mejor dejarlo, seguir adelante y avanzar ya enriquecidos con esa experiencia. Vive bien, ama con todo tu Ser y sé inmensamente feliz.

3.4.6 Judaísmo

Hay que saber apreciar las oportunidades de la vida para así cumplir nuestros objetivos.

La característica principal de la fe judía es la creencia en un Dios al que denominan Yahvéh -omnisciente, omnipotente y providente-, que habría creado el universo y elegido al pueblo judío para revelarle la ley contenida en los Diez Mandamientos y las prescripciones rituales de los libros tercero y cuarto de la Toráh. Consecuentemente, las normas derivadas de tales textos y de la tradición oral constituyen la guía de vida de los judíos, aunque la observancia de las mismas varía mucho de unos grupos a otros.

Principios

El judaísmo se basa en el Tanaj (lo que los cristianos llaman Antiguo Testamento), compendio de 24 libros, de los cuales los cinco primeros conocidos como "la Toráh" o "Pentateuco", son considerados escritos por inspiración divina.

Los preceptos jurídicos, éticos, morales y religiosos que emanan de la Toráh, incluyen la circuncisión al nacer, la alimentación correcta, la vida íntima y la vestimenta.

En cuanto a la felicidad y contradiciendo a quienes creen que esta religión se opone a la felicidad como fin, aconsejan que **una persona verdaderamente feliz no debe permitir que su felicidad dependa de ningún factor externo** sobre el cual él no pueda tener control.

Cuando cultivamos activamente la gratitud y el idealismo, podemos llegar a ser personas más felices, mejor equipadas para cambiar el mundo y vivir una vida de inspiración comprometiéndonos a hacer el bien.

Una persona debe ser feliz, pues cuando somos felices podemos hacer que todo sea mejor. Cuando las cosas van mal hay que recordar a la gente la importancia de la alegría, no llorar y en su lugar disfrutar de manjares y bebidas dulces, y ayudar a quienes no tienen nada resuelto. "No os entristezcáis, porque el gozo de Jehová es vuestra fuerza". Hay un lugar para la pérdida en el luto, pero el judaísmo valora la celebración de la vida.

3.4.7 Taoísmo

Aunque se cree que el Tao es un concepto que fue definido por vez primera en el Tao Te Ching de Lao Tse (s. VI a. C.), quinientos años antes se describía en el I Ching como el curso de las estrellas en el cielo, dotándolo de eternidad.

La palabra Tao se puede definir como camino (el más aceptado), sentido, método, verdad, razón, sustancia o principio, aunque otras culturas lo han definido como "el que hace el camino, o el puente".

Los taoístas consideran que la felicidad es el resultado de una práctica denominada en cultivo de los Tres Tesoros, a saber:
El cuerpo, el templo de la vida.
La Energía, la fuerza de la vida.
El Espíritu, el gobernador de la vida.

Cuando uno de ellos predomina, los tres son dañados, aunque se acepta que sea el espíritu quien tome el mando. Expresando de una manera resumida el logro de la felicidad, esta filosofía insiste en que gran parte de lo que llamamos "sufrimiento" o ausencia de felicidad, se debe a nuestra poca habilidad para ser felices.

CAPÍTULO 4

LA FELICIDAD MEDIANTE SISTEMAS FÍSICOS

Cuando el cuerpo deja de sentir tristeza, la mente se reorganiza.

4.1. Tapping (EFT) y puntos de presión o percusión

Los dramas son complejos de crear y sencillos de eliminar.

El "Tapping" es un método usado para eliminar los "bloqueos emocionales" entre otras de las opciones que ofrece, como el conocimiento personal y el enfrentamiento a nuestros problemas. Consiste en estimular una serie de puntos de acupuntura (energéticos) dando golpecitos con los dedos -algo que llamamos "hacer tapping"- mientras mentalmente pensamos en el asunto concreto que queremos tratar, inseguridades, miedos, ansiedad, fobias, tristeza... Lo que se está haciendo es equilibrar ese bloqueo energético para ese malestar emocional concreto, y como consecuencia de ello el malestar emocional desaparece.

Estos puntos se encuentran repartidos por el cuerpo, y siguiendo un orden determinado se repiten las series, dando origen a un pensamiento nuevo cada una de ellas. Cada pensamiento es escrito por el paciente en una hoja. Frase tras frase, unida a serie tras serie, van apareciendo los bloqueos mentalmente y a la vez se va desbloqueando energéticamente.

Durante esta rutina la persona que lo lleva a cabo comienza a darse cuenta de cómo es, cómo ha sido y sobre cómo ha eludido sus traumas sin enfrentarse a ellos. Mientras dura la sesión se produce una curva en el estado emocional de la persona que lo realiza. A medida que van sucediéndose las frases decae el estado anímico, restaurándose poco después, para finalizar por encima del umbral con el que se inició.

Recientemente se ha cuestionado la importancia de los puntos descritos, pues se cree que el golpeteo lo que hace realmente es distraer a la mente durante el proceso, calmando simultáneamente mente y cuerpo. La conclusión es que vale cualquier punto, incluso elegido al azar.

Este sería el orden para la estimulación tradicional de los puntos:

1- Ceja (donde comienza la ceja, por el puente de la nariz)
2- Extremo del ojo izquierdo
3- Bajo el ojo (justo debajo del borde del hueso)
4- Bajo la nariz
5- Hendidura entre la barbilla y el labio inferior
6- La clavícula (por debajo de la V del cuello, justo debajo del hueso)
7- Bajo el brazo (por debajo de la axila, en la línea del sujetador de las mujeres)
8- Punta del lado interno del pulgar, junto a la uña.
9- Punta del dedo índice opuesta al pulgar.
10- Punta del dedo medio
11- Punto Gama (punta externa dedo meñique)
12- Lateral de la mano (punto de karate)

Piense en aquello que le está perturbando al inicio del ejercicio y pulse en cada punto 7-10 veces a menos que se indique lo contrario. Si quiere entrar en un proceso de relajación profunda, a partir del número 9 ralentice la velocidad paulatinamente.

4.2. Mantras y mudras

La felicidad es un proceso, pero no es lo más importante en la vida.

4.2.1 Mantras

Los mantras son palabras o frases que se cantan en voz alta o, bien, de manera interna, como elementos de la meditación. A menudo, esos mantras se relacionan con alguna figura budista en particular, cuyas cualidades se pueden cultivar mediante la repetición del mantra adecuado.

La meditación con mantras es anterior al surgimiento del budismo, y el origen se remonta al menos a la tradición védica que precedió al Buda, en la cual se empleaban como conjuros para influir o, incluso, para controlar a los dioses.

A través de la historia, las culturas han creído en el poder sagrado de las palabras y han imaginado que al pronunciar determinados vocablos o nombres podrían controlar el mundo externo o a los poderes invisibles, como los dioses o los espíritus, los cuales se creía que actuaban sobre el mundo. Las oraciones del cristianismo son un ejemplo de ello.

En la antigua India se creía que si uno conocía los verdaderos nombres de los dioses podría llamarlos y obligarlos a cumplir sus deseos. Parece que la mayoría de nosotros todavía conservamos algo de esa creencia en la naturaleza especial de los nombres, implorando a los dioses, santos o entidades, la solución a sus problemas.

En sus inicios, el budismo utilizó los cantos como un modo de práctica y empleó la recitación de versos para cultivar la atención consciente en las cualidades del Buda (Buddhanusati), pero no fue hasta que la tradición del Mahâyâna, en que se incorporaron elementos de una práctica espiritual no budista.

Cuando practicamos anapanasati (atención a la respiración) nos concentramos en la respiración.
Si hacemos meditación caminando nos concentramos en las sensaciones al andar.
Si hacemos "metta bhâvanâ" (desarrollo de amor y bondad) nos enfocamos en las emociones.
Si practicamos visualización utilizamos imágenes visuales.

También se dice que los mantras son "símbolos sonoros", sonidos que, de alguna manera, corresponden y evocan a poderes espirituales que se pueden representar visualmente, como Tara, Avalokiteshvara, etc. Podemos ver, con facilidad, cómo la imagen de una figura en particular llega a tener un valor simbólico, pero no es tan fácil explicar racionalmente cómo un sonido hace lo mismo. Quizá sea mejor pensar que los mantras son como algo que oscila entre la poesía y las fórmulas mágicas. Más coherentemente, un sonido interno ocasionará una vibración que, a su vez, creará una resonancia con partes determinadas del cuerpo. Mirado desde este punto, es posible que tengan un efecto comprobable.
Una vez aceptada su utilidad, quizá lo importante no sea la comunicación con una deidad lo que proporcione el beneficio, sino la mezcla del estado de relax, meditación, vibración sónica y confianza en el resultado.
Los más empleados son los sonidos Om, Ah y Hum (que se pronuncia "hung", con una H aspirada suavemente), unidos a determinados mudras o gestos con los dedos de las manos.

No trate de averiguar el significado real de los mantras, pues muchos de ellos no tienen ningún sentido real, racional, ni siquiera en sánscrito, posiblemente porque lo importante es el sonido y no el significado.

Para terminar, permita que el canto vaya bajando de volumen poco a poco, hasta que deje de ser un sonido externo y sólo se escuche en el interior. Luego deje que ese sonido interno se vaya volviendo silencio.

Al concluir la práctica, permanezca sentado en la resonancia de ese silencio, dejando que la vibrante quietud tenga un efecto refrescante en la mente y las emociones.

4.2.2 Mudras

Y en relación a los mudras, parece que la unión y cruce de los dedos en formas determinadas pude llevar a una armonización de los campos energéticos, contribuyendo a establecer una conexión cuántica con zonas corporales bien definidas.

Significados de los dedos para los Mudras:

Pulgar: Elemento Fuego, con funciones sobre el pulmón, la lógica y la fuerza de voluntad.

Índice: Elemento Aire que controla el estómago, el pensamiento y la mente.

Medio o mayor: Se le asocia con el elemento Éter, y se le asignan funciones sobre la circulación sanguínea y la vesícula.

Anular: Elemento Tierra, controla el hígado, la vitalidad y la buena salud general.

Meñique: Elemento Agua, y se encuentra vinculado directamente con el corazón, la sexualidad, la comunicación y las relaciones.

Veamos algunos de ellos incorporados igualmente a la filosofía Zen e hinduista.

RIN:

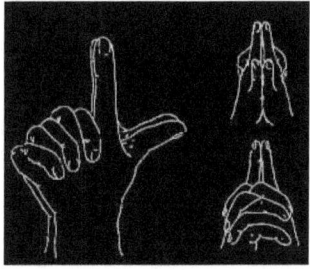

Tiene por objetivo inspirar fortaleza y evocar la energía requerida para lograr sobrevivir ante una fuerza o amenaza.

PYO:

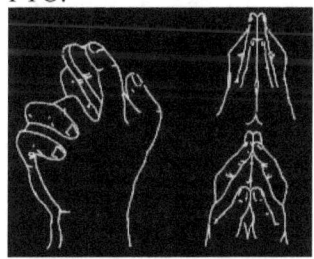

Busca el conocimiento mas allá de lo humano, evocando el poder personal y vitalizando el nivel apropiado de conciencia que permite alcanzar el éxito.

TOH:

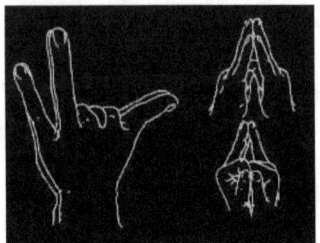

Evoca la capacidad para armonizar con las leyes Universales.

SHA:

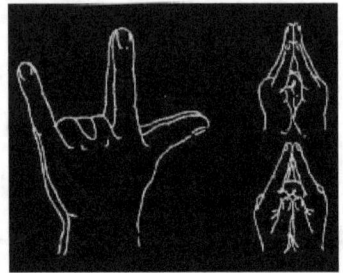

Propicia la sincronía con nuestro cuerpo físico, ocupándose fundamentalmente de la salud de nuestro organismo. Curación para uno o para otra persona.

KAI:

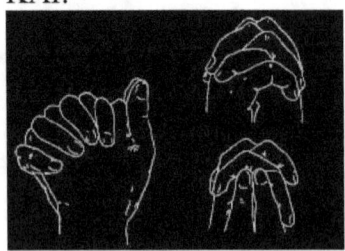

Simboliza la rotura de las ataduras exteriores que nos aprisionan, lo que debe producir una elevación de nuestro nivel de consciencia.

4.3. Colorterapia

Es sabido que el color juega un papel importante en la creación de un estado de ánimo particular y que cada color afecta a un sentimiento, estado de ánimo y emoción.

En física, el color se mide en grados Kelvin, lo que da lugar al término *temperatura del color*.

Los colores son ciertas longitudes de onda de energía electromagnética vistos a través de nuestros ojos, pero solamente vemos un espectro reducido de aquellos que reflejan los objetos.

El cuerpo es una expresión externa de lo que está teniendo lugar dentro de la mente, en el alma (subconsciente), y el espíritu (supraconsciente) del individuo. Por lo tanto, cualquier técnica de sanación que actúe solamente en el cuerpo físico y el campo energético de la persona no será completa. Así que la posibilidad de poder curarnos o mejorar a través del color, ciencia conocida como cromoterapia, se debe considerar.

Antiguamente se construían grandes salones de curación mediante el color, donde los individuos entraban y se bañan en la luz que se filtraba a través de diversos paneles de vidrio de color o ventanas.

De igual modo, los curanderos a menudo complementan su trabajo de sanación con la curación por el color.

En la siguiente tabla vamos a resumir qué simbolizan los principales colores, así como su efecto psicológico o acción terapéutica, tanto en positivo, como en negativo:

BLANCO: Pureza, inocencia, purifica la mente.
LAVANDA: Equilibrio, curación espiritual.

PLATA: Paz, tenacidad, quita dolencias.
GRIS: Estabilidad, creatividad, éxito.
AMARILLO: Inteligencia, aclara la mente confusa.
ORO: Fortaleza de cuerpo y mente.
NARANJA: Energía, inmunidad, potencia.
ROJO: Poder, apasionamiento, agresividad, antidepresivo.
PÚRPURA: Serenidad, problemas mentales.
AZUL: Verdad, serenidad, armonía, felicidad, fidelidad.
AÑIL: Verdad, conexión con lo espiritual.
VERDE: Ecuanimidad, agotamiento nervioso, compasión.
NEGRO: Silencio, paz, elegancia, poder.

Una vez seleccionada la emoción o el estado de ánimo requerido, habría que incorporar a la vida diaria los colores adecuados, sea en la vestimenta, en las paredes o en las luces.

4.4. Musicoterapia

Existe una investigación que hace referencia a la relación que hay entre la música y la sensación de bienestar y felicidad. Los investigadores encontraron que los participantes que escucharon canciones que consideraban agradables, tuvieron un aumento en sus niveles de dopamina, a diferencia de quienes escucharon canciones que consideraban neutras. Este aumento en la dopamina produce un intenso placer, semejante al provocado por otras situaciones gratificantes, por ejemplo, el tener relaciones sexuales o consumir alguna sustancia.

Algo interesante en esta investigación es que los cambios químicos asociados a la sensación de bienestar empiezan incluso desde antes que se comienza a escuchar las melodías que gustan, ya que el simple hecho de anticipar que se va a escuchar música agradable, ya produce efectos positivos en el bienestar, comparable a cuando se planean las vacaciones soñadas. Los investigadores explican este efecto anticipado de la siguiente manera: *"Las emociones inducidas por la música se evocan, entre otras cosas, por fenómenos temporales, como las expectativas, la demora, la tensión, la resolución, la predicción, la sorpresa y la anticipación"*.

La musicoterapia en el uso clínico está basada en la evidencia de que las intervenciones musicales logran metas individualizadas dentro de una relación terapéutica.
Esta técnica ha alcanzado ya rango de especialidad médica, al utilizar la música dentro de una relación terapéutica para atender las necesidades físicas, emocionales, cognitivas y sociales de los individuos. Después de evaluar las fortalezas y necesidades de cada cliente, el musicoterapeuta proporciona el tratamiento indicado incluyendo la creación, canto, movimiento y escuchar música.
A través de la participación musical en el contexto terapéutico, la capacidad de los clientes se fortalece y se transfiere a otras áreas de sus vidas. La musicoterapia también proporciona vías de comunicación que pueden ser útiles para aquellos que tienen dificultades para expresarse en palabras.
La terapia de música es compatible con otras áreas, tales como: la rehabilitación física en general, aumentar la motivación de las personas para que se involucren en su tratamiento, la prestación de apoyo emocional para los enfermos y sus familias, y para proporcionar una salida para la expresión de los sentimientos.

En relación a la armonía o varias notas formando un acorde, se sabe que las tonalidades o acordes menores (tercera menor), producen sonidos tristes, mientras que los mayores (tercera natural) inducen a la alegría. Los acordes con séptima menor provocan alerta y los de sexta reflexión.

Y en cuanto al compás o métrica, los efectuados en dos tiempos (binarios) son rudos, los de tres tiempos (ternarios) alegres, y los de cuatro tiempos (cuaternarios) vivaces. Otras medidas como *a capella* mantienen la atención, mientras que *ad libitum* ocasionan inquietud.

4.5. Deporte, ejercicio

El cuerpo tiene razones que la razón no entiende

Aunque el cuerpo existe simplemente como una intención del pensamiento, ambos se sienten unidos estrechamente.

Habitualmente tenemos una idea clara sobre qué es el pensamiento (algo moldeable y no siempre sujeto a control), y lo que es el cuerpo (algo extenso que no piensa, pero que se manifiesta). Así que aunque sabemos que el cuerpo y el pensamiento son diferentes, uno sin el otro no pueden vivir.

Por eso son tan importantes las terapias físicas para el restablecimiento del equilibrio psicológico.

Las que ha continuación describimos, suelen ser muy bien aceptadas en el mundo social de la espiritualidad y por quienes buscan la conexión con la "fuente".

4.5.1 Yoga

Realizar una serie de posturas y ejercicios de respiración controlada, promueve un cuerpo más flexible y una mente tranquila. A medida que se avanza a través de las posiciones que requieren equilibrio y concentración, nos centramos menos en la vida conflictiva y más en ese momento.

Muchos estudios sugieren que el yoga puede afectar a los estados de ánimo positivos, a pesar de los momentos altos y bajos de la vida. Con su práctica hay un mayor aumento del estado de alerta, de energía mental y física, y pasión por la vida. Sus practicantes muestran satisfacción con la existencia, y menor agresividad, emocionalidad, y problemas de sueño.

El Yoga cambia fundamentalmente la conciencia, que incluye la manera de ver las cosas, y en este proceso muchos aspectos del funcionamiento físico también cambian, incluyendo la química del cerebro.

Del mismo modo que un mal humor puede convertirse en un mal hábito que perpetúa la infelicidad, así se pueden nutrir los sentimientos positivos que conducen a un estado positivo permanente de la mente.

4.5.2 Qigong

Esta práctica generalmente combina ejercicios de meditación, relajación, movimiento físico y de respiración, para restaurar y mantener el equilibrio emocional. El Qi gong (CHEE-gung) es parte de la medicina tradicional china y se le denomina también como Chi-Kung.

Algunos científicos han demostrado a través de un escáner cerebral que la práctica de Qigong conduce a la felicidad, como lo demuestra el aumento de la actividad cerebral en los lóbulos prefrontales izquierdos. Según ellos, la actividad en esta parte del cerebro muestra que una persona es feliz, con menos molestias y menos enfurecida en comparación con otra persona.

Sobre todo, el Qigong es el acto de usar el Qi o Chi para diferentes propósitos, tales como la curación y la adquisición de la felicidad. Aprender Qigong es fácil porque todo el mundo nace con Qi y tenemos el potencial para utilizarlo.

4.5.3 Tai chi

Esta es una forma suave de las artes marciales chinas. En Tai chi (TIE-chee), se realiza una serie de movimientos a ritmo individual o colectivo de manera lenta, elegante, mientras se practica la respiración profunda.

El Tai chi proporciona (entre otras cosas) un conjunto de habilidades físicas necesarias para expresar nuestra armonía mediante un solo evento consciente a medida que empujamos, tiramos y nos movemos. Ello nos hace tener elegancia en la vida logrando mantener (tanto como sea posible) el potencial mental, físico y espiritual de una manera unificada.

En pocas palabras, el Tai chi ofrece un poderoso vehículo para descubrir los secretos ocultos que todos necesitamos para disfrutar de la sensación de tener una mayor salud y felicidad en la vida.

4.5.4 Artes marciales

Anteriormente sistemas de lucha procedente de países orientales, su irrupción en occidente después de la guerra contra Japón, supuso una nueva forma de llegar a la plenitud física y mental a través de las rutinas y coreografías guerreras.

El camino del guerrero, el Do, dejó al margen la faceta puramente marcial para llegar al sendero de la guerra imaginativa a través del esfuerzo, la perseverancia, la aceptación del dolor y el respeto al adversario.

Todos estos logros se unen a la mejora en la elasticidad, la precisión, la coordinación, la velocidad, el timing (oportunidad) y el kime (concentración). La consecuencia después de años de práctica es una persona satisfecha de sus logros, valiente y con un control absoluto de la agresividad. La felicidad, a un paso.

4.5.6 Deportes de competición

El deporte puede ser un vehículo para la felicidad, salvo que se pierda reiteradamente. "Lo importante es participar" no es una frase acertada, pues la finalidad del deporte de competición es ganar.

Aunque los efectos del deporte competitivo son variados, según sea profesional o amateur, la mayoría estaría de acuerdo en que la participación deportiva organizada puede ser intrínsecamente valiosa y puede traer la felicidad auténtica a una amplia gama de participantes. Cuando el deporte se hace bien, podemos aprender la alegría del movimiento y el desafío de asumir riesgos, la pugna por ser el primero o el mejor, aprendiendo simultáneamente algo sobre nuestras fortalezas y nuestras limitaciones, a trabajar en colaboración hacia un objetivo común. El grupo nos proporciona seguridad y apoyo mutuo, y así podemos construir nuestras habilidades para comunicarnos, para desarrollar o reforzar la confianza y la humildad.

El bienestar en el deporte competitivo se puede entender mejor a través del estudio de vías distintas, tales como: la vida placentera, la vida comprometida y la vida significativa. La vida placentera abarca las emociones positivas que son consecuencia de la participación atlética, existiendo una alta conexión y dedicación a la actividad deportiva. El establecimiento de un propósito y significado en la participación deportiva refuerza la búsqueda del placer y el compromiso, logrando que la diversión y el disfrute puedan predecir una satisfacción diaria en relación con la calidad del propósito de uno y el significado.

Como seres humanos, tenemos muchas aspiraciones, motivaciones y deseos que impulsan nuestra participación en el deporte, ya sea desde el campo, líneas laterales o gradas, soplando el silbato o animando desde la tercera fila.

4.5.7 Senderismo y caminos espirituales (camino de Santiago, Fátima, Tíbet…)

Un paso después del otro, un metro a continuación del anterior, siempre mirando el camino, el horizonte; respirando suavemente y con la mente con frecuencia vacía. Es el encuentro con lo sencillo, lo intrascente y con el yo interior que apenas si lo conocíamos.

Partiendo casi siempre en solitario los encuentros sociales son frecuentes y gratificantes, sin que nadie mire la calidad del atuendo del compañero de ruta. Lo importante es recorrer el camino, aquel que miles de personas ya hicieron antes.

Al final, al llegar, todo parece haber cambiado en nuestras vidas, al menos durante unos pocos días, pues el cambio hacia la felicidad es más complejo.

Y si el sendero es por motivos espirituales, la conexión con lo sutil y la consciencia universal, con los mitos religiosos y lo trascendente, nos proporciona un estado de éxtasis intenso, la llegada al Nirvana, un estado de cese de la actividad mental corriente y que significará una liberación espiritual, el camino de la felicidad suprema.

4.5.8 Baile

La música comienza y antes de que nos demos cuenta ya estamos balanceando las caderas con una gran sonrisa en la cara.

Con la danza, sea del tipo que sea, se percibe mejor la alegría de vivir y eso sin importar lo hábil que uno sea. La danza es una parte tan innatamente natural del ser humano que impacta con nuestra simple sensación de placer, de bienestar y felicidad. Ya sea que estemos girando sobre el suelo de la cocina, mientras esperamos en la calle, o comprando, con un niño pequeño en brazos o participando en una clase de baile definido, la mayoría de las personas consiguen dar un sentido a su cuerpo mediante el movimiento y el ritmo.

Pruebe a poner su canción favorita y empiece a mover el cuerpo. ¿Cómo se siente? Bueno, dependiendo de dónde se encuentre, puede sentir un poco de vergüenza o timidez, pero indudablemente más ligero, lleno de energía positiva y un tanto más feliz.

La música y las emociones pueden funcionar en distintos sentidos y en ocasiones nos hacen llorar, recordar y sonreir. Si añadimos al movimiento una mentalidad positiva, ya tenemos creada una banda sonora que nos proporciona felicidad.

La danza nos aporta conectividad y expresión, así que no es de extrañar que se trate de una forma de movimiento psicoterapéutico. Ser capaz de ponerse en contacto con sus sentimientos y sentido de sí mismo, así como tener una salida para las emociones conscientes e inconscientes, supone una forma saludable de cuidarse a sí mismo en un sentido holístico de bienestar. Las clases de baile también puede darle libertad de sentir, dejándole centrado y conectado en un nivel interior.

El fenómeno de la danza desde los diferentes enfoques psicoanalíticos, nos relata los conflictos interiores del ser humano en aras a revelar aspectos del inconsciente.

Es sumamente interesante el hecho de que Freud, antes de interesarse en el lenguaje como fin terapéutico, centrara su atención en los síntomas corporales para la observación de fenómenos histéricos. Por esta razón y a pesar de que el lenguaje de la danza es efímero, no escapó a los intereses del psicoanalista. Freud decía que *"La danza es el éxtasis dionisíaco que lo arrastra todo... El simple acto de echar la cabeza hacia atrás, ejecutado con pasión, provoca en nosotros un estremecimiento báquico de gozo y heroísmo o de deseo"*.

Para Isadora Duncan y Ruth Saint-Denis, el movimiento es fruto de una necesidad interior y brota al dejarse llevar por el cuerpo (y no del dominio de éste).

4.5.9 La **Danzaterapia** pone el énfasis en la fusión del psicoanálisis y la danza, cuyo objetivo es el siguiente: "Alentar el empleo de la danza y el movimiento para integrar lo físico y lo psíquico en el individuo". De tal forma, algunas corrientes utilizan la improvisación a través de la cual los pacientes se liberan de sus tensiones, a la vez que proporciona material -por la puesta en escena de sus fantasmas- para la interpretación del terapeuta y así, antes de que éste aborde la relación verbal, queda establecida la comunicación no verbal con el paciente.

4.5.10 La **Biodanza** (*bio* -vida- y *danza*), es un término florido que nos asegura que se trata de la *danza de la vida,* un sistema de "auto-desarrollo" creado por Rolando Toro Araneda, en el cual pueden formar parte incluso personas no aptas para el baile.
Utilizando los sentimientos provocados por la música y el movimiento, profundiza en la conciencia de uno mismo, promoviendo la integración con las emociones.
Realmente, se trata de un sistema de expresión corporal que busca también el contacto físico entre las personas participantes, con la intención de que profundicen sus lazos afectivos con la naturaleza y entre las personas, y puedan expresar sentimientos acogedores.

4.6. Reiki

La palabra "Reiki" significa *energía de fuerza,* de vida universal o *energía cósmica*, la que crea y sostiene la vida.
¿Es posible sentirse feliz, en plenitud, en el mundo actual donde continuos problemas parecen acecharnos cada día?
La utilización de la energía Reiki puede ser un recurso perfecto para el cultivo de una serie de virtudes que nos van a alejar del ruido exterior, conectándonos con nuestra verdadera esencia y permitiéndonos acercarnos a ese estado que denominamos plenitud.

La técnica Reiki descubierta por el monje budista Mikao Usui en Japón a principios del pasado siglo, llamada inicialmente Usui Reiki Ryoho, es un método de sanación natural consistente en la canalización de la Energía Universal para la sanación de los cuerpos físico, mental, emocional y espiritual.

El practicante coloca las manos y se limita a dirigir la energía que el Universo le entrega de forma ilimitada, fluyendo en la intensidad que sea necesaria.

El Reiki nos ofrece dos grandes campos de aplicación:

1) Método de crecimiento personal, que nos ayuda a recorrer el camino de la vida, bendiciéndonos con una vida más armoniosa y un cambio en la forma que tenemos de percibir nuestro entorno (conciencia), como vía para ser capaces de llenarnos de amor y poder convertirnos en canales de distribución del mismo.

2) Método de sanación natural como terapia complementaria, aliviando diversas dolencias y permitiendo al cuerpo recuperar su salud y energía vital a todos los niveles: físico, mental, emocional y espiritual.

En nuestro camino hacia la plenitud, la práctica diaria con Reiki nos va a posibilitar que integremos en nuestra actitud hacia la vida los principios del Reiki:

1) Sólo por hoy no me enojo.
2) Sólo por hoy no me preocupo.
3) Sólo por hoy agradezco todos los dones de mi vida.
4) Sólo por hoy trabajo intensamente y con honestidad.
5) Sólo por hoy soy amable y respetuoso con todos los seres vivos.

Estos principios nos van a permitir aplicar fácilmente las bases que constituyen la felicidad:

Armonía.
Alcanzar la madurez suficiente para ordenar nuestro mundo interior de pensamientos, actitudes y sentimientos hacia el mundo exterior, haciendo aflorar la paz original que anida en el fondo de nuestro corazón.

Coherencia.
Actuar de acuerdo con lo que creemos, decimos y sentimos.

Entusiasmo
Actuar manteniendo el yo muy positivo y alejado de la negatividad, al tiempo que crea esperanza en los demás.

Positivismo.
Una crisis es una oportunidad. Una persona positiva ve la crisis como una señal de que debe cambiar su forma de pensar y hacer las cosas. Sin actitud positiva, no veremos la oportunidad de renacimiento y podemos sumergirnos en la queja, el resentimiento e incluso la desesperación.

Satisfacción
Saber apreciar lo que hemos conseguido, valorando nuestros esfuerzos, pero también siendo conscientes de que nos queda mucho por aprender.

Cuando activamos el proceso de curación holística que trata conjuntamente nuestro cuerpo, mente, emociones y alma mediante un nivel adecuado y un flujo ininterrumpido de Reiki, nos mantendremos físicamente, mentalmente y espiritualmente sanos, evitando así cualquier interrupción o bloqueo en el flujo de esta energía que podría conducir a un desequilibrio que se manifestaría como dolencia.

A diferencia de otras formas de tratamiento, no cura el síntoma por sí solo, sino que aborda el problema en la raíz misma para restablecer el orden natural del cuerpo.

Los que practican Reiki experimentan regularmente una transformación en sí mismos y los cinco principios del Reiki se convierten en una parte de su personalidad. Se llenan de amor incondicional, trayendo consigo un despertar espiritual más profundo y alegría. Hay una ayuda para la meditación en el nivel más profundo y la conexión con el ser interior propio.

No hay palabras para explicar realmente la maravillosa sensación y el estado de bienestar que experimentan las personas expuestas a este arte de curación simple pero poderoso. Sólo puede ser detectada.

4.7. Manualidades, escritura, pintura y otras artes (incluida interpretación)

La pintura puede proporcionar felicidad, pero la mayoría de los pintores famosos no la consiguieron.

Aquellos escritores que nos han marcado la senda de la poesía y la prosa, iluminados por sus musas, tampoco lograron ser felices.

Y lo mismo podemos decir de los escultores y lo compositores, así como de los actores del cine y el teatro, capaces todos de hacernos felices con sus obras, pero con la paradoja de no lograr serlo ellos.

Cuando se trabaja en una de las artes intentando la trascendencia, apartándose del mundo para lograr la inspiración, se entra en una neurosis de soledad que con frecuencia lleva a la infelicidad.

Así que si usted desea inmiscuirse en algunas de las artes mencionadas, hágalo por el placer de hacerlo, sin buscar reconocimiento ni sublimación. La espontaneidad, la expresión de su visión de la vida, y el deseo de recrearse posteriormente con aquello que ha sido capaz de hacer después de muchas horas, le llevará con seguridad a ser un poco más feliz.

CAPÍTULO 5

LA FELICIDAD MEDIANTE SISTEMAS DE VIDA

No llores antes de que te pongan la inyección, pues quizá no te duela o ni siquiera te la pongan

5.1 Salud

Los estudios demuestran que la salud de una persona es uno de los predictores más fuertes de la felicidad, pero el vínculo entre salud y felicidad es complejo. Las investigaciones muestran poca correlación entre la salud objetiva de una persona -según lo definido por la evaluación médica- y la felicidad, ya que es nuestra salud subjetiva -cómo vemos nuestra salud- lo que afecta a nuestro bienestar.

¿Así que la felicidad está en la mente? No necesariamente. Por ejemplo, los cambios adversos en la salud tienen un impacto negativo en los niveles de felicidad, al menos temporalmente. Después las personas se adaptan. La mala salud tiene el potencial de afectar temporalmente de forma significativa a casi todos los aspectos de la vida: independencia, propia imagen, relaciones personales, a la capacidad para trabajar y llevar a cabo las actividades diarias básicas. Así que no es de extrañar que cuando la salud recibe un golpe, la felicidad también lo haga.

Pero las personas somos resistentes y poco a poco nos acostumbramos a las nuevas circunstancias de la vida, buenas o malas. Después de un mes o dos de un evento adverso para la salud, la mayoría de la gente ha alcanzado de nuevo el nivel de felicidad que disfrutaban antes de que su salud diera un giro para peor.

Sin embargo, cuando el cambio en el estado de salud es grave -por ejemplo, que implica dolor crónico o discapacidad múltiple- el impacto en la felicidad puede ser de larga duración.

Tanto la salud física como la emocional influyen en la felicidad, pero los trastornos psicológicos (especialmente la esquizofrenia) disminuyen la calidad de vida, incluso más que las dolencias físicas crónicas, como la artritis, enfermedades del corazón o diabetes.

5.2 Terapias naturales

5.2.1. Fitoterapia

Las plantas medicinales, ancestrales remedios empleados por todas las civilizaciones del mundo, dentro de su aparente complejidad son un ejemplo de sencillez y perfección, con su estructura pugnando por llegar un poco más alto y sus raíces empeñadas en afianzarse cada vez más en la tierra.

Organismo vivo, bello casi siempre, y capaz de proporcionar al ser humano y a los animales alimento y curación al mismo tiempo, han sabido adaptarse en el tiempo y en cualquier lugar, en cualquier circunstancia.

Aunque las plantas medicinales no poseen la inmediatez terapéutica de los medicamentos, proporcionan un buen soporte para mejorar los estados de tristeza crónicos y entrar en cierto grado de felicidad sin ocasionar euforia y efectos secundarios.
Estas son las plantas medicinales más empleadas para lograr un encuentro con la felicidad. Tómelas al menos dos veces al día.

CÚRCUMA
Curcuma longa

Botánica:
Planta vivaz de la familia de las Cingiberáceas. Suele alcanzar un metro de altura, tiene 5 ó 10 hojas de pecíolo largo, flores blancas o amarillas y un gran rizoma.
Composición:
Principio amargo, resina, almidón y ácidos orgánicos.

Partes utilizadas:
Las raíces y hojas

Usos medicinales:
Se emplea como tónico estomacal pues estimula la producción de jugos gástricos, siendo adecuado para abrir el apetito y en la hipoclorhidria. Es colagoga, carminativa y reduce el colesterol.
Es un potente antiinflamatorio y un moderado antidepresivo.

Otros usos:
Forma parte de la salsa curry, mezclada con coriandro, jengibre, comino, nuez moscada y clavo.
Toxicidad:
Tiene efecto anticoagulante.

DAMIANA
Turnera diffusa

Usos medicinales:
Estimulante del sistema nervioso y hormonal, es un reputado afrodisiaco tanto en hombres como en mujeres. Es tónico nervioso, cerebral, aumenta la tensión arterial y mejora la memoria.
Es ligeramente expectorante y laxante a dosis altas. Tiene sinergia con el ginseng en la frigidez e impotencia, y con el romero en el agotamiento. Adecuada en las depresiones que van unidas a impotencia o frigidez. Eficaz como tónico nervioso de efecto rápido.

ELEUTEROCOCO
Eleuterococus senticosus

Usos medicinales:
Estimulante y adaptógeno. Se emplea mundialmente como

sustituto del ginseng para las disfunciones sexuales, como estimulante hormonal y nervioso, así como para mejorar la prostatitis y el sistema defensivo.

Recomendado como tónico general del sistema nervioso y muscular.

Constituye un buen tratamiento de fondo para las depresiones que cursan con fatiga, aunque está desaconsejado en las que exista un componente ansioso.

HIPÉRICO (Hierba de San Juan, Corazoncillo)
Hypericum perforatum

Usos medicinales:
Sedante, astringente y vulnerario. Es el mejor antidepresivo natural que existe, sin que tenga efecto excitante. Corrige la ansiedad, las taquicardias y las neurosis. Mejora las funciones biliares, las varices y las neuralgias.

Con las flores se prepara un delicioso vino medicinal para combatir los decaimientos.

Aunque su efecto tarda al menos una semana en percibirse, constituye la terapia básica para la resolución de las depresiones. No es excitante ni sedante, por lo que puede ser utilizado en cualquier momento, incluso cuando se conduzcan vehículos.

JENGIBRE
Zingiber officinale

Botánica:
Se trata de una planta que crece abundante en el Caribe, África occidental y Extremo oriente.

Recolección:
Debe cultivarse solamente en países tropicales

Partes utilizadas:
Se emplea el rizoma.

Composición:
El aroma es debido a una esencia que contiene los terpenos siguientes: cineol, felandreno, citral y borneol. El gusto acre y ardiente proviene de los fenoles siguientes; gingerol, shogaol y zingerona.

Usos medicinales:
Es el calentador del cuerpo, capaz de producir energía a los pocos segundos de su ingestión.
Alivia las náuseas y los mareos producidos por los viajes, también los vómitos matutinos de embarazada, y aquellos que son ocasionados por intolerancias medicamentosas.
Es antiespasmódico, mejora la digestión de las grasas, y se emplean en las enfermedades producidas por frío, pues genera calor interno. Se le atribuyen propiedades para estimular las defensas, como antiinflamatorio y para reducir el colesterol y la hipertensión.

Otros usos:
Previene la formación de coágulos en la patología arterial. Para aliviar dolores de garganta, chupar un trozo de jengibre.
Externamente se emplea su aceite para sabañones, enfriamientos renales, enfermedades reumáticas e inflamaciones musculares.

Toxicidad:
Estimula la menstruación. Puede ocasionar acidez estomacal.

MELISA
Melissa officinalis

Usos medicinales:
Es digestiva, carminativa, antiséptica y algo sedante. Es una planta muy eficaz en afecciones "de la mujer", especialmente dismenorreas, jaquecas e histerismos. También tiene buenos efectos como antiespasmódica, sedante y para cortar las náuseas y vómitos del embarazo. Corrige las palpitaciones, ansiedad, vértigos y otros trastornos propios de un sistema nervioso alterado, lo mismo que los calambres y la vaginitis nerviosa.
No induce al sueño, por lo que es un remedio tranquilizante para tomar durante el día. Desde hace siglos se le ha considerado la mejor hierba para combatir la melancolía y la tristeza.

Otros usos:
Tiene sinergia con el Hipérico en las depresiones nerviosas. Con la Melisa se fabrica la bebida "Agua del Carmen" o "Agua de Melisa", la cual fue popularizada por los monjes Carmelitas en 1611 y que aún se puede encontrar en herboristerías y farmacias antiguas.
Eficaz en aquellas depresiones que vayan unidas a una excesiva añoranza en épocas felices del pasado. También, cuando sean frecuentes episodios de lipotimias o desmayos ocasionados por un sistema nervioso sensible.

LIMA

Citrus aurantifolia

Cultivo:
Es un pequeño árbol de hoja perenne con hojas lisas y pequeñas

flores blancas. El fruto maduro posee un intenso color verde, y es de sabor amargo.

Composición:
Linalol, citral, bergapteno, limoneno, pineno, terpinoleno y sabineno.

Propiedades:
Posee buenas propiedades para aliviar la fiebre, la sinusitis, los resfriados y los catarros, al mismo tiempo que refuerza las defensas. Estimula el sistema defensivo, es desinfectante, alivia la artritis, las varices y externamente se emplea como astringente para la piel. Su zumo mejora la apatía, la ansiedad, la depresión y estimula el intelecto.

Se emplea para dar sabor a los refrescos de cola, limón y aromatizar la ginebra.

ROMERO
Rosmarinus officinalis

Usos medicinales:
Carminativo, hipertensor, colagogo, antirreumático. Una extraordinaria planta comparable al popular ginseng y que se emplea en decaimientos, hipotensión, insuficiencia biliar, amenorrea y espasmos digestivos. Mejora la memoria, estimula el sistema nervioso y tiene efectos contra el exceso de colesterol.

Sirve como tratamiento de fondo en depresiones que vayan unidas a hipotensión y somnolencia.

5.3 Homeopatía

Hahnemann, el descubridor de la homeopatía, nunca admitió el papel del cerebro en los procesos curativos, y siempre se refería a un campo electromagnético, quizá influenciado por los nuevos experimentos que en su época se hicieron con la electricidad y el magnetismo, insistiendo en que los síntomas no son más que reacciones que tratan de liberar al organismo de influencias dañinas; o sea, manifestaciones materiales de trastornos en ese campo electromagnético, y en esto el pensamiento tiene la mayor influencia. La función de la homeopatía consistiría, por tanto, en fortalecer el mecanismo de defensa natural del organismo, aumentando sus recursos y energía, actuando en la misma dirección que la fuerza vital. Al mismo tiempo, la labor del homeópata radicaría, -aunque nos cueste admitir esta terminología- en encontrar aquella sustancia cuyo "índice vibracional" armonice con el del paciente durante esa enfermedad concreta y en ese momento.

El punto principal es que todo existe en un estado de vibración y todo campo electromagnético se caracteriza por índices de vibración o frecuencias que pueden ser medidas en el organismo humano. Esta frecuencia vibracional puede cambiar cada segundo, según el estado mental, estrés interno o externo o enfermedades y alterar el campo electromagnético, la fuerza vital.

Afortunadamente, nuestro organismo compensa y equilibra continuamente las alteraciones vibratorias y nuestra estabilidad mental y física continúa. Solamente cuando ello no es posible aparecen los síntomas, que no son sino las manifestaciones del intento de lograr el equilibrio. Si en este momento administramos el producto homeopático, que por sus propias características posee su propio índice de vibración, se comportará como un "afinador de resonancias", y si lo consigue el cuerpo orgánico comenzará entonces la labor de autoajuste, pues dispone ya de la adecuada armonía. Sería como una orquesta compuesta de muchos músicos, pero que no logran funcionar como un todo hasta que no aparece su director.

Cuando los índices de vibración del paciente y del medicamento armonizan, ocurre un fenómeno conocido como resonancia, debido al cual un medicamento que no cubre todos los síntomas del paciente no puede tener ningún efecto, y ni siquiera se logrará con la unión de dos o tres. Se podría decir que no es cuestión de cantidad, sino de calidad, pero tampoco estaríamos hablando de homeopatía. En esta terapia los remedios son todos diferentes en "cualidad", ni en cantidad ni en calidad, por lo cual nos alejamos de nuevo de la medicina convencional en cuanto a posología y efecto de un remedio. Cada medicamento homeopático tiene su propia frecuencia vibracional, y para que funcione, debe ser similar a la naturaleza de la enfermedad y administrarse por separado.

La homeopatía puede suponer una ayuda considerable para el tratamiento de las depresiones, especialmente por su efecto restaurador orgánico. Aunque su aplicación requiere un diagnóstico minucioso, una vez encontrado el remedio adecuado los efectos pueden ser muy rápidos.

Para las depresiones crónicas se recomienda una dosis en días alternos a la 7-9 CH, y para los casos agudos tres veces al día a la 5-8 CH. Suele ser compatible con cualquier medicación o tratamiento natural y se le considera un remedio inocuo.

Cómo utilizarla:

Es importante tomar la homeopatía fuera de las comidas y sin haberse lavado recientemente los dientes con pasta rica en menta o haber ingerido café.

Los gránulos se depositarán en el tapón dosificador sin tocarlos con los dedos, dejándolos caer debajo de la lengua. No chuparlos, ni masticarlos.

La posología puede hacerse incluso cada 15 minutos hasta que mejoren los síntomas, espaciando la dosis poco a poco. Posteriormente, una dosis al día en ayunas puede ser suficiente.

Estos son los remedios más eficaces:

ARSENICUM ALBUM
Anhídrido arsenioso
Acidum Arsenicum anhydricum

Características de la enfermedad:
Nos encontramos con una persona delgada, pálida, con el rostro demacrado, con arrugas y edemas en los párpados inferiores. Los niños, meticulosos y ordenados, son frioleros, frágiles, se atemorizan con facilidad y tienen miedo a la soledad y la noche. Adultos y niños sufren con frecuencia episodios de agitación y depresión, a lo que se suma la debilidad, los deseos de tumbarse, la ansiedad y el miedo a la muerte.

Mejoran con el calor, cambiando de posición y con las comidas y bebidas calientes, salvo en los casos agudos en los que prefieren las bebidas frías. No les gusta la carne, padecen sed fuerte que se mitiga bebiendo pequeñas cantidades repetidas y tienen sensaciones diversas de quemaduras, empeorando generalmente entre la una y las tres de la mañana.

Tratamiento:
Los casos leves se solucionan con una dosis diaria a la 7 CH, reservando las diluciones más altas para emplearla una vez a la semana o al mes.

Es el tratamiento de fondo de los cuadros depresivos en personas que tienen miedo a la muerte, a la noche y a la soledad.

CHINA OFFICINALIS
Corteza de la Quina
Cinchona succirubra

Características de la enfermedad:
Los trastornos de oído van unidos a hemorragias diversas, visión borrosa, debilidad general, dolor en el cuero cabelludo y gran distensión estomacal.
El gusto es amargo, hay anorexia, intolerancia a la leche y a la fruta, diarrea y fuerte debilidad. Empeoran con las corrientes de aire y mejoran con el calor. Hay fiebre que oscila durante el día, palidez amarillenta, sudoración, debilidad, ansiedad, falta de ánimo, cefaleas y somnolencia. También dolores faciales, permanencia de los alimentos prolongada, gases, diarreas después de comer, vértigos y depresiones.

Tratamiento:
En casos agudos se administrará la dosis cada seis horas e incluso cada diez minutos si hay hemorragias. Se tratarán el meteorismo, las diarreas indoloras y la convalecencia de enfermedades con fiebre. En las inflamaciones de la mucosa gástrica, pérdidas de sangre, convalecencia de enfermedades, enflaquecimiento de brazos y piernas, dolores que se agravan con el contacto y neuralgias faciales.

Otras aplicaciones:
Depresiones asociadas a vértigos, dolores de cabeza y somnolencia.

IGNATIA AMARA
Haba de San Ignacio

Características de la enfermedad:
Predominan las alteraciones emocionales como tristeza, aprensión, llanto, suspiros y cambios de humor que terminan en cólera. La emotividad alterada genera intolerancia a los olores, el dolor y las contrariedades.

Hay bulimia, tos espasmódica que no cesa, dolor de garganta al comer, náuseas, dolor de cabeza, tics faciales y de párpados. Tendencia a la auto-recriminación, a la contradicción en su comportamiento y a los rasgos histéricos.

Empeoran hacia media mañana y sienten una gran debilidad, no necesitando consuelo aunque sí distracciones y calor. Afecta más a las mujeres de pelo oscuro y a los niños.

Tratamiento:
Es adecuada sobre todo en los problemas emocionales que produzcan tensión, deseos contradictorios, conflictos familiares o laborales, así como en aquellos que generen angustia en el sujeto.

Eficaz en los problemas depresivos intensos, en los cuales suele bastar con una dosis semanal a la 30 CH y en las crisis de histeria y angustia en la que se administrará una dosis por la mañana a la 9 CH. También en los cuadros depresivos que vayan unidos a crisis de histeria, bulimia y cambios de humor incomprensibles.

Puede ser adecuada en la melancolía, migrañas punzantes, úlceras gastroduodenales, contracciones uterinas y hemorroides.

NATRIUM MURIATICUM
Sal marina sin refinar

Características de la enfermedad:
Nos encontramos con personas delgadas, de piel amarillenta, con acné en los jóvenes, con labios resecos y grietas en las comisuras labiales. La persona tiene buen apetito, mucha sed y cambia de humor con facilidad, eligiendo casi siempre la soledad como alternativa más cómoda. Suele estar triste, llora con facilidad, es melancólico y tiene frecuentes dolores de cabeza.

Se encuentra peor a orillas del mar, con el calor y a las diez de la mañana. Le gustan los alimentos salados y esto le genera sequedad de mucosas y sed muy fuerte. Se decepciona sentimentalmente con facilidad, cae en depresiones rápidas, y con frecuencia su piel está marcada por verrugas, herpes y eczemas. Tiene la zona que rodea a las uñas despellejada y mejora con el aire libre. Tendencia al llanto, a la melancolía, la indiferencia por la familia y se encuentra frecuentemente cansado. Herpes labial.

Tratamiento:
Es eficaz en la astenia, adelgazamiento, las depresiones, los problemas escolares y las desilusiones sentimentales. También en las deshidrataciones, en el estreñimiento, las alergias primaverales, el asma y el dolor de cabeza por estudios. En las afecciones hepáticas e intestinales crónicas, la cefalea, tuberculosis cutánea, menstruaciones escasas, hipertiroidismo y ataques de gota con náuseas.
Remedio adecuado en las verrugas de las manos y el acné juvenil.
La dosis puede bastar con 30 CH una vez por semana.
En las depresiones unidas a cansancio y tendencia al llanto es muy eficaz.

El **Natrium phosphoricum** *(monohidrogenofosfato)* Se emplea en el agotamiento nervioso, apatía e indiferencia, nerviosismo por la noche, dolor de cabeza en la frente, acidez estomacal y tensión nerviosa.

Útil en los cólicos de vesícula, eructos, lengua pastosa y amarillenta y picores en la piel.

El **Natrium sulfuricum** *(sulfato de sodio)* en las afecciones hepatobiliares, las diarreas hepáticas alternadas con estreñimiento y en la gota.

Es una sal imprescindible para el equilibrio hídrico del organismo, para la función renal y para eliminar el exceso de agua.

El cuadro incluye melancolía, tristeza, cansancio de vivir, sensibilidad al ruido y aversión a la luz.

PHOSPHORUS
Fósforo blanco

Características de la enfermedad:
Suele darse en personas de aspecto enfermizo, delgados, con abdomen pequeño, de piel pálida y muy sensibles a todas las notas discordantes. Son ansiosos, con miedo a la soledad, las tormentas y la muerte y por ello buscan desesperadamente compañía, aunque su pasión es tan fugaz como su entusiasmo. Tienen ansiedad por el futuro, tristeza, depresiones, hiperexcitabilidad y gran inquietud.

Son frecuentes los trastornos visuales, la fotofobia y el lagrimeo, las encías sangran con facilidad, tos seca que se agudiza al hablar, ronquera, lengua blanca, meteorismo, fiebre con ausencia de sed y la mayoría de los síntomas van acompañados por sensación de intenso calor.

Tratamiento:
Para el tratamiento antidepresivo se utiliza a la 9 CH, especialmente cuando va acompañada por fatiga intelectual, pérdida de memoria y bajo rendimiento escolar.

PULSATILA (Anémona de los bosques)
Anemone pulsatilla

Usos medicinales:
Es antiespasmódica, sedante, diurética y rubefaciente. Antiguamente se utilizaba como calmante de la tos, para calmar los dolores gástricos, las menstruaciones dolorosas y estimular la sudación. En la actualidad solamente se emplea en homeopatía, dado que es bastante tóxica, y en esta modalidad es muy eficaz para mejorar la depresión, la debilidad muscular y las irregularidades en el período.
Se emplea homeopáticamente en las depresiones de las personas delgadas, frioleras, de tez pálida y excesivamente susceptibles.

5.4 Flores de Bach

Bach dedicó toda su vida a demostrar que las enfermedades no son producidas por trastornos orgánicos o corporales, sino que básicamente se producen por un problema en nuestros sentimientos, especialmente si estos son negativos. Estos desequilibrios del humor entorpecerían el funcionamiento interno de nuestro organismo y bloquearían su capacidad de funcionar a la perfección.
Sus experimentos le llevaron a analizar un total de 38 flores, en las cuales estaba todo lo necesario para conseguir la armonía de la mente, y por tanto del cuerpo, de los seres humanos. El único requisito para poder aprovechar la fuerza curativa de estas 38

maravillosas flores era colocar las flores en la superficie de agua contenida en un cuenco de vidrio normal durante tres horas a pleno sol, embotellándolas a continuación.

Resumió su teoría con esta frase: *"Mis remedios no dan resultado por su composición química, sino porque tienen la facultad de elevar nuestras vibraciones y de atraer de esta forma el poder espiritual que limpia la mente y el cuerpo".*

Cómo tomarlas:

Utilice un frasco gotero de 30 ml.

Añada al frasco dos gotas de cada flor seleccionada (o cuatro de las flores pre mezcladas).

Llene el frasco con agua mineral sin gas.

De este frasco tome cuatro gotas según esta frecuencia:

1. Cuatro gotas cada 10 minutos, durante la primera hora.

2. Cuatro gotas cada 20 minutos durante la segunda hora.

3. Posteriormente tomar cuatro gotas cada hora.

He aquí los remedios más adecuados para lograr un estado próximo a la felicidad:

GENCIANA
Gentiana amarella

Efecto:
Ánimo. Aceptar que es necesario enfrentarse a los problemas en lugar de llorar. Para conseguir una actitud positiva.

Aplicaciones terapéuticas:
Ayuda a superar la tristeza y la depresión cuando éstas son debidas a causas conocidas.
Duda y pesimismo. Contra el desaliento ante los problemas grandes o repetitivos. Para el negativismo, el fracaso y la ausencia de espíritu competitivo.

ROSA SILVESTRE
Rosa canina

Efecto:
Motivación. Alegría por vivir, deseos de acción y placer por poder hacer.
Aplicaciones terapéuticas:
Ayuda a la transformación interna ante los cambios importantes de la vida. Útil cuando otros remedios no actúan. Resignación y apatía. Fatalismo, pasividad y falta de motivación o expectación. Pérdida del impulso vital.

REMEDIO RESCATE

Supone el remedio perfecto para quienes desean comenzar a emplear las virtudes de las flores de Bach y no poseen los conocimientos necesarios. Como ya hemos dicho, la inocuidad es tan alta que no son necesarios conocimientos profundos de medicina para emplearlos.
El Remedio Rescate tiene la ventaja de que puede emplearse por vía oral, en crema o en el agua de baño. La composición es:

Cerasífera: Para los sentimientos de desesperanza.
Estrella de Belén: Para los estados de shock emocional y físicos.
Heliantemo: Alivia los momentos de miedo y terror.

Impaciencia: Cuando está el ánimo alterado, irritable y colérico.
Clemátide: Para los apáticos, los conformistas.

La suma de estos cinco componentes proporciona un alivio rápido en situaciones de estrés, depresión, sobrecarga emocional y física, y problemas familiares.
Adecuado también para cuando nos encontremos nerviosos, indecisos y creamos que los problemas se nos desbordan o no somos capaces de solucionarlos al unísono.

5.5 Nutrición

Cuando acudimos a un médico de familia para recibir consejos de nutrición, y con mucha ingenuidad cuando le pedimos una lista de aquellos alimentos que van a favorecer la felicidad, nos encontraremos con frases capaces de desalentar al más crédulo: "Hay que comer de todo" o "Los antidepresivos están en las farmacias, no en los restaurantes".

A mediados de 1980, un importante informe de la Academia Nacional de Ciencias Norteamericana puso de relieve la falta de educación sobre la nutrición adecuada en las escuelas de medicina. Los más optimistas hablaban de 25 horas de instrucción en nutrición ¡después de 6 años de estudios médicos!
Dos décadas y media después, en 2010, una encuesta realizada por investigadores de la Universidad de Carolina del Norte en Chapel Hill, encontró que la gran mayoría de las escuelas de medicina aún no cumplían el mínimo recomendado de 25 horas de instrucción y cuatro de ellas ofrecían nutrición opcionalmente. Finalmente, una cuarta parte de las escuelas no tenían ni un solo curso dedicado a la nutrición. Tristemente, Europa no es diferente.

"La nutrición es realmente un componente esencial en la práctica de la médica moderna y ayuda a la felicidad", dijo Kelly M. Adams, un dietista que es investigador asociado en el departamento de nutrición de una universidad.

La mayoría de las escuelas de medicina fallan en la instrucción nutricional y los médicos tienden a subestimar la importancia de la nutrición en general. Su práctica se basa en la detección de enfermedades, no en la prevención, con énfasis en las terapias de drogas, no en la nutrición. Es más, la mayoría de los médicos piensan que los suplementos nutricionales tienen poco valor terapéutico y por eso no se venden con cargo a los servicios sanitarios estatales. Esto se debe a que, como hemos constatado, sólo aproximadamente el seis por ciento de los médicos que se gradúan en los Estados Unidos tienen algún tipo de formación en materia de nutrición.

Hipócrates acuñó la frase "Que los alimentos sean tu única medicina", pero la dieta moderna está basada esencialmente en mezclar los alimentos tres o más veces al día, buscando cubrir las necesidades energéticas básicamente, pues el organismo extraerá los nutrientes que necesite y eliminará el sobrante –nos aseguran-.
Esta forma de comer -compuesta principalmente de lácteos, carbohidratos refinados, carne de cerdo y vacuno, y grasas vegetales industriales- nos está llevando a un exceso de calorías y su consecuencia la depresión.

La denominada "dieta mediterránea" es solamente una trampa comercial para que comamos los productos nacionales, sean saludables o no.

La cifra es elocuente: el 30% de la población mayor de 65 años padece algún tipo de diabetes. Nuestro maltratado páncreas no puede más.

La mayoría de las personas, además de los médicos, son probablemente conscientes de que esa forma de comer es responsable de nuestros niveles de epidemia de la obesidad y la diabetes, pero puede que se sorprendan de que también está contribuyendo a los niveles exorbitantes de trastornos cerebrales como la depresión y la demencia.

Esto se debe a que muchos de los nutrientes que el cerebro humano utiliza para el funcionamiento saludable, han sido despojados del alimento original por la agricultura industrial y por los métodos modernos de procesamiento de alimentos. Su justificación es que resulta necesario que los alimentos perduren el mayor tiempo posible antes de su venta. Además, se han añadido nuevos productos químicos que están deteriorando la función cerebral, mientras que el refinado ocasiona la pérdida de elementos que le daban equilibrio.

Lea estos datos:

Los alimentos procedentes de mamíferos afectan a nuestro sistema endocrino, y las hormonas presentes en ellos influyen decisivamente en el estado de ánimo.

El colesterol dietético no es perjudicial y una bajada en la dieta ocasiona desequilibrios múltiples, entre ellos una deficiencia en esteroides y vitamina D, una vitamina esencial para la felicidad. Además, su carencia altera los neurotransmisores que regulan el estado de ánimo, habiéndose relacionado con un mayor riesgo de suicidio y con un mayor riesgo de cáncer.

Los aceites vegetales refinados, se han relacionado con un mayor riesgo de depresión.

Deberíamos comer más huevos de gallina (ahora controvertidos por su contenido en colesterol), ya que son una fuente de vitaminas B6 (crucial para la función cognitiva) y B12 (crucial para evitar la agitación y pérdida de concentración); de selenio (crucial para evitar la inflamación del cerebro); zinc (el "mineral de la inteligencia"); omega 3 (nos hace más inteligentes y nos protege de las enfermedades del corazón), además de colina (carencia vinculada a la ansiedad).

El ácido oleico, un Omega 9 presente en el aceite de oliva, está vinculado a un menor riesgo de depresión en las mujeres.

Hay mezclas especialmente sabias y saludables como:

Arroz con guisantes.

Tomates rociados con aceite de oliva.

Salmón y uva negra.

Limón y espinacas (la vitamina C en los limones ayuda a absorber el hierro que se encuentra en las espinacas, un mineral que previene los cambios de humor y promueve la felicidad)

Vinagre y arroz (el vinagre disminuye la capacidad del arroz para elevar los niveles de azúcar en la sangre en un 20-40%).

Remolacha y garbanzos (la vitamina B6 de los garbanzos ayuda a absorber el magnesio, aliviando los síntomas del síndrome premenstrual y el síndrome de atención).

La dieta de la felicidad es principalmente una dieta basada en vegetales, pues están llenos de importantes moléculas necesarias para el cerebro (y en general) para la salud. Si incorpora algas, todo irá bien.

Para una dieta feliz, coma abundancia de verduras frescas de color verde (no elimine las hojas muy verdes), leguminosas (lentejas, guisantes, habas, judías) y frutos secos.
También chocolate negro, avena, germen de trigo, cereales enteros, higos secos y nueces.

5.6 Nutrientes

La Nutrición Ortomolecular nos lleva a un diferente modo de curar, no solamente mediante una alimentación saludable, sino a través de sus nutrientes, estos últimos los verdaderos responsables de un entorno celular adecuado y equilibrado en cada individuo.
La alimentación habitual, por tanto, no podrá garantizar la salud si el conjunto de nutrientes no son los adecuados y en cantidad suficiente.
Teniendo en cuenta que un organismo humano puede estar constituido por aproximadamente 100 billones de células, nos daremos cuenta de lo importante que resulta que dispongan de los nutrientes adecuados.
La experiencia ha dado validez a los siguientes nutrientes, pero administrándolos, en el caso de la tristeza o depresión, en dosis más altas que cuando solamente se quieren cubrir carencias. Lo que vamos ahora a aprovechar son sus efectos farmacológicos, no sus cualidades como nutrientes, aunque también están presentes.

FENILALANINA

Funciones orgánicas:
Junto a la Tirosina actúa de manera decisiva en los procesos de pigmentación cutánea.
Mejora la agudeza mental y la memoria, especialmente en los ancianos.

Es un moderador del apetito de media mañana.
Regula el metabolismo de las grasas y de la glucosa, contribuyendo así a controlar el sobrepeso.
Colabora en la misión de neurotransmisores nerviosos.
Ayuda a formar el colágeno y la elastina, actuando, además, como antiinflamatorio en las enfermedades reumáticas.
Corrige la dismenorrea y aumenta la libido en ambos sexos.
Es un eficaz antidepresivo al estimular la producción de endorfinas y norepinefrina.
Actúa como analgésico general.

Síntomas carenciales:
1. Vitíligo y canicie precoz.
2. Depresión endógena, ansiedad y falta de interés por el entorno.
3. Cataratas, congestión ocular.
4. Aumento de la sensibilidad al dolor, especialmente en las jaquecas y enfermedades inflamatorias.
5. Alteraciones graves de la conducta.
6. Aumento desmesurado del apetito con pérdida simultánea de energía.
7. Pérdida de la memoria y poca capacidad de concentración.

Aplicaciones no carenciales:
Cualquier alteración en las facultades intelectuales.
Disminución del apetito sexual.
Obesidad.
Artrosis y reumatismos dolorosos.
Inflamaciones traumáticas.
Falta de pigmentación cutánea o capilar.
Dolores en general.
Alteraciones del comportamiento y del carácter, depresiones.

TRIPTÓFANO

Sus efectos sobre el psiquismo y el sistema nervioso le llevan a ser también un buen tratamiento contra la ansiedad, la irritabilidad e incluso la depresión, quizá por su dependencia de otros aminoácidos antidepresivos como la tirosina y la fenilalanina. Juntos constituyen uno de los remedios más eficaces y rápidos que existen para el tratamiento de las crisis depresivas y sin efectos secundarios.

Quizá sea su acción conjunta con estos aminoácidos o por el estímulo que supone en la producción de serotonina y endorfinas, lo cierto es que las aplicaciones como antidepresivo del triptófano son muy notables. Esta acción sobre las hormonas endógenas es bastante más amplia de lo que a primera vista parece, ya que si como sabemos influye sobre ellas es razonable pensar que el abanico de posibilidades terapéuticas sea muy alto. Las últimas experiencias nos hablan de que una dosis de triptófano diaria puede servir para aumentar la tolerancia al dolor y si es así no solamente nos podríamos encontrar con un nuevo analgésico, ahora más inocuo que los anteriores, sino que podríamos conseguir reducir la dosis de morfina en los enfermos de cáncer, efecto suficientemente importante como para que fuera digno de un estudio serio.

También sabemos que es útil para tratar trastornos de la conducta, en especial manías o fobias, así como neurosis y neurastenias que hasta ahora solamente se pueden tratar con ansiolíticos. No se sabe si ciertamente la mayoría de las enfermedades del comportamiento se deben a carencias de algún elemento nutritivo, como pudiera ser un aminoácido, o alteraciones orgánicas aún no definidas. Por ello, la administración de estos nutrientes, unidos a la terapia habitual, podría suponer una gran ayuda para la resolución de muchas enfermedades crónicas.

Aplicaciones no carenciales:
Cualquier tipo de dolor, sea crónico o agudo, como terapia sola o combinada con los fármacos habituales, lo que permitirá reducir la dosis de éstos.
Insomnio crónico o para quitar poco a poco la dependencia a las hipnóticos utilizados.
Para tratar problemas emocionales que cursen con ansiedad, tristeza, apatía, depresiones o neurosis.
En casos de obesidad por bulimia.

TIROSINA

Aplicaciones generales:
Cualquier alteración en la pigmentación de la piel o el pelo, especialmente vitíligo. Se puede emplear en estos casos de forma tópica o ingerida, mejor unido a la fenilalanina.
Enfermedades degenerativas del sistema nervioso o cerebral como es el parkinsonismo, la demencia senil, temblores, pérdida de memoria o falta de reflejos. En estos casos hay que unirla a fosfolípidos y vitamina B6.
Depresiones crónicas y agudas, en forma de L-Tirosina
Alergias primaverales.
Bocio, hipotiroidismo y carencia de yodo.
Obesidad.
Bulimia, unida a la fenilalanina y al zinc, níquel y cobalto.
Edemas en las pantorrillas en personas obesas.
Tensión sanguínea descompensada.

5-HTP. Se trata de un precursor de la serotonina, un neurotransmisor y el factor decisivo del tratamiento antidepresivo. En realidad es un subproducto del L-triptófano, y se produce comercialmente a partir de las semillas de la planta Griffonia simplicifolia.

ADENOSILMETIONINA (SAMe). Sustancia compuesta por ATP y metionina, y que se considera necesaria para el crecimiento y reparación de las células. También colabora en la biosíntesis de diversas hormonas y neurotransmisores como la dopamina y serototina.

DHA (ácido docosahexaenoico), este miembro de la familia Omega-3 es un componente crucial de las células nerviosas que transmiten información. Para comerlo hay que ingerir pescados grasos como las sardinas, el salmón y la caballa, dos a tres veces por semana o tomarlo como complemento.

VITAMINAS B. Particularmente importantes en la prevención de la depresión, ansiedad y fatiga. Lo mejor es tomar un suplemento del complejo B todos los días, ya que todas trabajan juntas y no se almacenan en el cuerpo. En la dieta están presentes en los cereales integrales y la levadura.
B-12 (cobalamina). La deficiencia de B-12 es una causa común de la depresión, pero es fácil de remediar con la suplementación. Los vegetarianos a menudo sufren de este tipo, ya que los productos animales son la principal fuente de B-12.
B-9 (ácido fólico). La deficiencia de ácido fólico se ha encontrado en el 15-38% de los adultos diagnosticados con trastornos depresivos. Los niveles más bajos de ácido fólico también se vincula con la disminución de la capacidad para utilizar los medicamentos antidepresivos.
B-6 (piridoxina) es crucial para la formación de niveles adecuados de neurotransmisores.

MAGNESIO. Es un buen nutriente antidepresivo. La Revista de la Asociación Médica de Estados Unidos confirmó la relación de magnesio-depresión hace 30 años. También ayuda a aliviar la ansiedad y el insomnio debilitante que tantas personas deprimidas sufren. El magnesio se encuentra en las nueces y verduras de hoja verde, aunque su absorción es pequeña.

5.7 Aromaterapia

La aromaterapia es, desde hace 3.000 años, un tratamiento terapéutico eficaz para los estados anímicos. Es una terapia holística que involucra el uso de aceites esenciales en los tratamientos para lograr un grado alto de equilibrio en la salud física, mental y espiritual. No solamente tienen efectividad corrigiendo deficiencias, sino también en la prevención de enfermedades y la conservación de la salud.

Los aceites esenciales son la fuerza vital de las plantas y sus poderes de curación para rejuvenecer y regenerar el cuerpo humano, relajar la tensión y reforzar el bienestar, son importantes. La investigación ha revelado que esos aceites esenciales penetran en la piel a través de los líquidos extracelulares y alcanzan la sangre y la linfa, desde donde llegan a los órganos internos.
Ciertos aceites alivian y calman la tensión o los desórdenes nerviosos, mientras que otros estimulan la mente y el cuerpo. Unos pocos aceites ayudan a la circulación, otros son capaces de rejuvenecer la piel y otros se usan para mejorar las funciones corporales como la digestión y la menstruación. En general, la condición fisiológica y psicológica de la persona mejora y le hace menos vulnerable a la enfermedad.

ESPLIEGO
Lavandula angustifolia

Composición:
Acetato de linalilo, linalol, cineol, cumarina, taninos y saponina. También geraniol, limoneno, ácido butírico y ácido valeriánico.

Acciones medicinales:
Es analgésico, antirreumático, antiséptico, calmante nervioso, diurético, hipotensor y tónico cardíaco.

Aromaterapia:
En uso externo es una buena esencia para añadir al baño y conseguir un suave efecto relajante, para inhalaciones en los asmáticos y aquejados de sinusitis, para las picaduras de insectos y las mordeduras de serpiente, los parásitos genitales, y lavados vaginales en la leucorrea.

Internamente se utiliza en multitud de enfermedades, entre ellas: la migraña, la neurastenia, la histeria, las taquicardias, el asma, la cistitis, los cólicos abdominales, la faringitis y los dolores reumáticos.

Hay que procurar no excederse de la dosis ya que puede ser neurotóxico.

Mejores efectos:
Regenerador celular, rejuvenecedor de la piel, anticelulítico, caída del cabello, ansiedad, depresión y debilidad general.

INCIENSO
Boswellia carteri

Composición:
Olibanol, cadineno, camfeno, dipenteno, pineno, felandreno.

Acciones medicinales:
Antiinflamatorio, astringente, digestivo, diurético, sedante y tónico uterino.

Aromaterapia:
Estimula el ánimo, favorece la relajación y la concentración, generando un efecto euforizante a nivel mental que ayuda al crecimiento personal y espiritual.

Otros usos:
Descongestiona las mucosas respiratorias, favorece la menstruación, alivia el asma y la cistitis, y favorece el parto.

5.8 Acupuntura

Este ancestral sistema, integrado en las Medicinas Energéticas, propone un método para conseguir estabilizar las emociones negativas (angustia, ansiedad, tristeza, ira…) mediante la inserción de pequeñas agujas en los puntos energéticos que recorren el cuerpo humano.

Los canales de energía, anteriormente llamados meridianos, se distribuyen por todo el cuerpo humano y su desarmonía ocasiona alteraciones funcionales en todo el sistema orgánico. De no corregirse, la alteración genera una incorrecta vibración celular, afectando a los estados de ánimo, emociones y sentimientos.

Una vez que recuperamos la comunicación cuántica celular, la felicidad es solamente uno de los beneficios, pues hay también una mejora en el plano físico.

5.9 Medio ambiente

Los vínculos entre el bienestar y los factores ambientales son de creciente interés en la psicología enfocada a la consecución de la felicidad, del mismo modo que lo son la salud, la conservación del hábitat, la economía, y otros.

Existen pruebas limitadas de que el verde del entorno natural es positivo para la salud física y mental; para el bienestar, en suma. Un estudio de investigación se dedicó a explorar la relación entre el bienestar momentáneo subjetivo y el entorno inmediato de 20.000 individuos. Mediante un smartphone se contactó con los participantes en momentos aleatorios, presentándoles un breve cuestionario, mientras que se hacía uso de localización por satélite (GPS) para determinar las coordenadas geográficas. También se tuvieron en cuenta las variables dentro del individuo, como el control del clima, la luz del día, la actividad, los compañeros, el tipo de lugar, hora, día, y cualquier tendencia subjetiva en la respuesta.

En promedio, los participantes en el estudio eran significativa y sustancialmente más felices al aire libre con un entorno verde, que en los hábitats naturales de entornos urbanos. Este estudio proporcionó una nueva línea de evidencia sobre la relación entre la naturaleza y el bienestar, fortaleciendo la creencia ya existente de una relación positiva entre el individuo y su entorno verde o natural. Sin embargo, hay que ser cautos con esta apreciación, teniendo en cuenta que la vida al aire libre suele ir unida a los momentos vacacionales.

Aún así, existen al menos tres razones para pensar que las experiencias de los entornos naturales están positivamente relacionadas:

> En primer lugar, parece que hay vías directas por las cuales tales experiencias afectan al sistema nervioso, dando lugar a la reducción del estrés y la restauración de la atención.

Esta conclusión está basada en las experiencias de Edward O. Wilson, quien acuñó el término Biofilia, cuando habló de la necesidad que tienen los humanos de interactuar con otras especies en favor del propio bienestar y de la salud mental.

En segundo lugar, los entornos naturales pueden ser más bajos en "malos" ambientes que tienen impactos negativos significativos en el bienestar físico y mental, como los contaminantes del aire y el ruido.

En tercer lugar, los entornos naturales pueden alentar conductas que son física y mentalmente beneficiosas, incluyendo el ejercicio físico, la recreación y la interacción social.

Se sabe que mayormente las personas son más felices en casa que en el trabajo, y que la felicidad también está asociada con temperaturas cálidas y velocidades del viento más bajas, con sol y con la ausencia de lluvia y niebla. Otras actividades físicas comunes en los ambientes naturales (tales como la jardinería o la observación de animales), también muestran asociaciones positivas sustanciales con la felicidad.

Las personas son más felices al aire libre que en el interior de casas o en un vehículo. Al aire libre, cada tipo de hábitat inmerso en un medio natural se asocia significativamente con mayor felicidad que en el tipo urbano. Las localidades costeras proporcionan con cierta distancia, más felicidad, con respuestas aproximadamente de 6 puntos por encima de los entornos urbanos continuos en la escala de 0-100. Todos los demás tipos de entorno verde o natural -montañas, páramos y brezales, zonas de agua dulce, los humedales y llanuras, bosques, praderas, y tierras de cultivo-, se encuentran entre 2,7 y 1,8 puntos más felices que los entornos urbanos, especialmente si están desarrollados.

Un dato muy significativo es que las estancias en la naturaleza se hacen en época de vacaciones, lo que nos hace reflexionar sobre qué ocurriría si las visitas rurales se hicieran por motivo de trabajo. Así que es posible que los efectos de la felicidad que hemos atribuido a los ambientes naturales sean en realidad la consecuencia de estar de vacaciones.

En el estudio se llegó a la conclusión de que hay una relación entre la naturaleza y el bienestar humano y que la felicidad es mayor en ambientes naturales, incluso después de controlar una amplia gama de posibilidades. Por otro lado, no conocemos ninguna razón de peso para suponer que la asociación entre la felicidad y el medio ambiente no es correcta. Las personas están determinadas en parte por su entorno y parece muy plausible que este influya significativamente. Por ello, el bienestar físico se puede lograr del mismo modo al aire libre que en un gimnasio o patio de deportes.

CAPÍTULO 6

Farmacoterapia y drogas (incluidas las chamánicas)

Nadie debería intentar comprar su felicidad en una farmacia, ni sumergirse en el mundo de las drogas para lograr el bienestar

6.1 Farmacoterapia

La medicina tradicional basada en la química se denomina como medicina de los contrarios, esto es, ante la presencia de un síntoma o signo actúa aportando algo contrario (antiinflamatorio, antimicrobiano, antidoloroso, antidepresivo...).
Su inmediatez no es cuestionable, como tampoco la generación de efectos iatrogénicos, los producidos por la propia medicación.

De uso exclusivo para los profesionales de la medicina alópata, psiquiatras en especial, los psicofármacos consiguen estabilizar en pocos días mentes en estado de caos, proporcionando cierto sosiego y control sobre las emociones del paciente.
Estos son los medicamentos más empleados:

Amitriptilina
La amitriptilina pertenece a una clase de medicamentos llamados antidepresivos tricíclicos con efecto sedante y actúa elevando las cantidades de determinadas sustancias naturales presentes en el cerebro, necesarias para mantener el equilibrio mental.
No utilizar antes de los 18 años de edad.
Como efectos secundarios están: lentitud o dificultad para hablar, mareos o desvanecimiento, debilidad o entumecimiento de un brazo o una pierna, dolor en el pecho aplastante, latidos cardíacos rápidos, fuertes o irregulares.
Otros medicamentos similares: Anafranil, Tofranil.

Duloxetina
Inhibidor de la recaptura de la serotonina y la norepinefrina (noradrenalina) utilizado para el tratamiento de la depresión mayor. Lo encontramos con el nombre de Cymbalta.
Efectos secundarios: pérdida de peso, disminución del apetito,

palpitaciones, temblores, visión borrosa, acúfenos, diarrea, vómitos, aumento de la sudoración.

Fluoxetina
Inhibe selectivamente la recaptación de serotonina por neuronas del SNC. Se conoce como Prozac y Reneuron.
Efectos secundarios: Disminución del apetito, insomnio, ansiedad, nerviosismo, disminución de la libido, trastornos del sueño, mareos, somnolencia, temblor, visión borrosa.

Venlafaxina
Inhibe la recaptación de serotonina y noradrenalina, y débilmente de la dopamina. Se comercializa como Dobutal y Vandral.
Efectos secundarios: astenia, escalofríos, fatiga, hipertensión, vasodilatación, palpitaciones, vómitos, hipercolesterolemia, pérdida de peso sueños anormales.

Otros medicamentos clásicos:

(Mezclas)
Nobritol
Deprelio
Tropargal

(Ansiolíticos)
Tranquimazín
Orfidal
Lexatín
Tranxilium
Valium
Sedotrine

(Antipsicóticos)
Largactil
Sinogán
Merelil
Eskaxine
Haloperidol

6.2 Drogas

6.2.1 Cannabis

Todos experimentamos momentos fugaces de felicidad. Por desgracia, ir por la vida sintiendo felicidad constante no es algo que muchos, o nadie, pueda decidir. Después de todo, ¿no es la lucha por la felicidad aquello que mantiene a los seres humanos motivados? Pero tal vez para llegar a este estado no se trata sólo de lo que hacemos, sino también acerca de lo que traemos a esta vida en el momento del nacimiento.

La presencia de una variante en la composición genética de una persona parece explicar por qué algunas personas son más felices que otras. La variación genética responsable de este efecto, un polimorfismo del gen del receptor CB1, es el mismo receptor que contienen los cannabinoides. Y puesto que esta variante genética particular determina según dicen la felicidad, sería el momento de reconsiderar el uso terapéutico del cannabis.

Los investigadores estudiaron los niveles de felicidad de 200 sujetos, pero asegurándose de que no tomaban cannabis. Pronto encontraron que cuando se produjo el polimorfismo genético relacionado con el receptor CB1, había un mayor efecto en la respuesta de un individuo a los cannabinoides, y un aumento de la felicidad.

La marihuana contiene al menos 85 cannabinoides, lo que explica por qué esta hierba produce una sensación de bienestar y placer. Reiteramos que el cuerpo produce de forma natural los cannabinoides, los llamados endocannabinoides. Su función no se comprende del todo, pero parecen actuar como reguladores del estado de ánimo en el cerebro a medida que interactúan con los receptores CB1. Las personas con la variación del gen se vuelven aún más sensibles a la presencia de endocannabinoides y tenderán a ser personas felices.

6.2.2 Cocaína
Este estimulante altamente adictivo se extrae de la hoja de coca, un arbusto. Sus efectos sobre el sistema nervioso central se deben al aumento del nivel de dopamina, la sustancia relacionada con el placer y que de modo natural es liberada para responder a una señal placentera.

La cocaína impide que la dopamina pueda ser reciclada, lo que conduce a una acumulación en el cerebro, siendo la razón por la cual los consumidores de cocaína experimentan un período de felicidad. Pero con el paso del tiempo el uso excesivo de la droga ocasiona cambios cerebrales y los consumidores necesitan aumentar la dosis y la frecuencia para lograr la misma euforia. Al finalizar el efecto, la felicidad se transforma en depresión profunda.

Los efectos de la adicción a corto plazo son: Aumento de la presión arterial, pupilas dilatadas, estado perenne de alerta mental, taquicardia, disminución del apetito y aumento de la temperatura. Y a largo plazo: Adicción, paranoia, irritabilidad, inquietud, alucinaciones auditivas y trastornos del estado de ánimo.

6.3. Drogas chamánicas

Peyote
Su principal componente es un alcaloide denominado Mescalina que ocasiona alucinaciones. Los usos del peyote son paralelos a los de las setas alucinógenas e induce a un estado de intoxicación y felicidad en el usuario. Los indios americanos del suroeste a menudo emplean los cactus en sus ritos tribales.
Los botones frescos o secos se mastican o se remojan en agua para producir un líquido tóxico. A continuación, se pone en una cápsula de gelatina para la administración oral o fumada con tabaco o cannabis. Puede provocar a largo plazo ansiedad y miedo, llevando al consumidor a situaciones que ponen en peligro su vida y la de las personas.
La justificación de los usuarios es que ocasiona un estado de intensa felicidad y confianza en sí mismo. Entre los efectos físicos desagradables están: náuseas, vómitos, dilatación pupilar, taquicardia, hipertensión, hipertermia, sudores, dolores musculares, debilidad y falta de coordinación muscular.

Ayahuasca
Actúa contra la depresión mediante el aumento de los receptores de serotonina en el cuerpo y extrae al presente los recuerdos reprimidos o los traumas, mitigando en el cerebro las experiencias dolorosas.
Se toma tradicionalmente en una escena ceremonial, con oraciones nativas de América, utilizando una pipa y el tabaco. Un ayahuasquero actúa conduciendo la ceremonia de Ayahuasca, usando canciones para ayudar a los participantes durante sus experiencias.
La sesión podría durar de 4-5 horas hasta quizá 9 horas y tradicionalmente se efectúan en la noche.

Los practicantes relatan visiones, lenguajes de luz, enseñanzas silenciosas desde el cosmos y similares. Otros estarán en los mundos de los espíritus o dioses u otros seres, quienes le ayudarán o le harán ver cosas desagradables que necesitan para comprender su propia vida.

Según Rick Strassman, los efectos se logran por la activación de la glándula pineal.

CAPÍTULO 7

LA FELICIDAD A TRAVÉS DE LAS RELACIONES SOCIALES

Te preocuparás menos de lo que los demás piensen de ti, cuando te des cuenta de lo poco que hacen por ti

7.1 Ayuda al necesitado (ONGs)

Siempre de forma altruista, sin pedir nada salvo la oportunidad para ayudar, acompañar y poner un hombro donde llorar, una espalda para apoyarse.

Su labor universal, sin límite de horarios, se ejerce habitualmente a la sombra, evitando los medios de comunicación que les quieran glorificar. Ese es su deseo: el anonimato.

Dentro de la senda marcada por todas las religiones del mundo, las personas involucradas en alguna ONG consiguen una plenitud en su vida difícil de conseguir por otros medios. Quizá el ambiente en que viven, las penurias y la contemplación del dolor ajeno no les proporcione felicidad… salvo cuando logran su fin.

Una **ONG** (Organización No Gubernamental) es básicamente una entidad con fines humanitarios, independientes de la administración pública y que no tiene afán lucrativo.

Jurídicamente se mueve en el plano legal de una asociación, fundación, cooperativa, etc., siendo el requisito imprescindible no obtener ganancias de tipo económico, pues son entidades basadas en el voluntariado.

Su forma de financiarse es a través de la colaboración ciudadana, en ocasiones con ayuda estatal y frecuentemente mediante la generación propia de ingresos que consiguen con la venta o eventos.

7.2 Viajes

La satisfacción por los viajes empiezan desde el mismo momento en que se planifican, mucho antes de llegar al destino, especialmente cuando están ya en el camino y ven el horizonte, el lugar elegido. Y si ese lugar ha sido soñado largo tiempo, idealizándose en la mente, presintiendo e imaginando lo que allí se encontrará, una vez arribado una especie de embriaguez y satisfacción comienza a llenar todo el cuerpo.

Sea un hotel de lujo o discreto, un albergue compartido con otras personas, o un lugar en plena naturaleza arbórea o playera, los viajes son siempre un confort para el cuerpo y la mente. Al regreso, cuando todo sigue igual, un ligero síndrome depresivo viene a equilibrar la satisfacción del viaje; pero ha merecido la pena y ya hay que ponerse a planificar el siguiente, cuanto antes mejor.

7.3 Grupos de autoayuda

No son las personas que tienen menos problemas las más felices; sino quienes aprenden a encontrar la alegría en la vida a pesar de la adversidad.

Están a nuestro alrededor, en cualquier asociación de vecinos o de amigos, anunciándose en las redes sociales y buscando compartir inquietudes, ocio y penas. Suelen estar compuestos por personas con frecuencia solitarias o que han tenido épocas de dolor intenso en sus vidas. Conscientes de que **no hay peor sufrimiento que aquel que no es entendido**, ofrecen siempre una sonrisa y buenos razonamientos filosóficos para sobrellevar el infortunio.

Con una empatía que les define, no desmayan en la ayuda ofrecida aunque su propia vida no esté en perfecto orden.

Establecen reuniones periódicas en las que se tocan temas filosóficos y místicos, continuando este acompañamiento espiritual y afectivo en la vida cotidiana.

Buenos centros sociales para las personas solitarias y con los pensamientos confusos, aportan soluciones de emergencia donde la psicología no consigue resultados tan imediatos. Así, con nombres tan sugestivos como "Encuentros de amistad" o "Mejor en compañía", consiguen reunir a muchas personas bajo un mismo interés: la búsqueda de la felicidad.

Hay también grupos que llegan rápidamente a miles de personas, tratando de tocar las conciencias, como el programa de Canal Sur Televisión titulado "Tiene arreglo", el cual está dedicado íntegramente a la solidaridad, obteniendo su beneficio espiritual mediante la ayuda a los demás.

7.4 Talleres espirituales

Expandiéndose según la filosofía New Age que comenzó a mediados del siglo XX, y apartándose deliberadamente de las creencias basadas en un dios, buscan nuevos caminos de exploración espiritual mezclándose con terapias clásicas de la psicología y la medicina holística, para marcar nuevas pautas de vida utilizando numerosos recursos del más puro misticismo.

Con frecuencia gratuitos, o admitiendo una donación voluntaria, incluyen consejos para ganar autoestima y seguridad, y aunque los resultados logrados no suelen consolidarse, son un buen refugio para las personas con los sentimientos destrozados.

Aunque alejados deliberadamente de las religiones, con frecuencia emplean protocolos y ceremonias que no difieren de las creencias tradicionales, tal y como vemos en la metafísica, donde hay un altar y oraciones dirigidas a los maestros ascendidos.

La música y los colores de la vestimenta deliberadamente floridos, nunca negros, proporcionan un añadido al entorno, lo mismo que los olores del incienso.

7.5 Amigos y familia

Quien deja escapar a un buen amigo, no se merece tener ningún amigo

Suponen el pilar básico para la sociedad, el modo en el cual el ser humano ha aprendido a relacionarse, ayudarse y ser feliz. Tan es así, que no hay posibilidad de encontrar el sentido de la vida sin la pertenencia a un grupo.

Las personas que deliberadamente viven aisladas dejan de practicar la empatía y adoptan conductas repetitivas y egoístas en su soledad.

El ser humano no es una especie distinta a las demás, es gregario y con frecuencia solidario, pues parte de su razón de vivir está en la colaboración con sus congéneres, a quienes con el paso del tiempo termina queriendo. Poco a poco su empatía le lleva a ayudar al desvalido y a proteger al débil, alcanzando así con los años la plenitud y su consecuencia la felicidad.

El altruísmo bien entenido, la ayuda sin esperar nada a cambio, y el amor por la familia y la descendencia, proporcionan los mayores momentos de felicidad.

7.5.1 Comunicación interpersonal

Las personas, gracias al exclusivo privilegio que poseemos de comunicarnos entre nosotros a través de las palabras y el lenguaje no-verbal, abrimos la posibilidad como especie de poder alcanzar la felicidad de forma individual o colectiva. Sólo hay que utilizar el sentido común para darnos cuenta de que generamos el mismo desgaste energético al trasmitir palabras positivas que negativas. El esfuerzo físico que se realiza es el mismo y las calorías que invertimos en el proceso metabólico son similares. La única diferencia radica en el resultado de la acción. Si desde un punto de vista meramente físico esto es así, nos interesa comunicarnos de forma positiva, pues con el mismo esfuerzo conseguimos un mayor beneficio. Ambos se sienten bien, tanto quien transmite el mensaje, como quien lo recibe; es una cuestión de simple estadística y economía.

Si somos coherentes en la vida, no debemos permitir que nadie se aleje de nosotros sin que se sienta mejor o más feliz, pues es la forma de crear las bases para conseguir una comunicación realmente interpersonal.

Existen dos maneras básicas de relacionarnos entre las personas: desde la energía del amor o desde la energía del miedo. Cuando decimos a otra persona palabras de ánimo, confianza o amor, le estamos facilitando un camino que le permitirá desarrollar su creatividad interna gracias a la información que recibe en su cerebro. Al hablarle de forma positiva, aumentan los niveles cerebrales de la hormona *beta endorfina*, un neurotransmisor opiáceo encargado de moderar o inhibir la sensación de dolor y provocar una sensación de placer y animación, a la vez que estabiliza la membrana plasmática de la célula y le da forma. Un aumento de esas hormonas en el cerebro de la persona que recibe palabras positivas, facilita el buen funcionamiento de este.

Por el contrario, cuando nos relacionamos desde la posición del miedo, el resultado es desánimo y bloqueo en la creatividad de la persona que recibe el mensaje. En este caso, hay una elevación de los niveles de la hormona cortisol, conocida como la hormona de respuesta "lucha o huída", pues se genera en situaciones de miedo o estrés. Esta hormona segregada por el miedo, provoca una pérdida del riego sanguíneo en la zona pre frontal del cerebro y bloquea su correcto funcionamiento.

Por tanto, es muy importante la forma en que hablamos a las personas y cómo influimos en ellas para sacar lo mejor de cada una, evitando generar miedo y en su lugar sentando las bases para lograr el acercamiento en la comunicación interpersonal mediante la confianza y el respeto. Fortalecer esa confianza entre los seres humanos es la diferencia entre construir un puente hacia la felicidad o quedarse paralizado en una vida sin destino.

Si somos capaces de comprender las relaciones humanas a través de la confianza, posiblemente tengamos que desprendernos de algunos conceptos y creencias enraizadas para dar paso a nuevas experiencias enriquecedoras y expansivas. Así lograremos liberar presiones internas y podremos relajarnos, consiguiendo experimentar al mismo tiempo una grata sensación de armonía y paz interior, encontrando un camino más sencillo para llegar a conectar con las demás personas.

El consejo es que debemos comunicar la verdadera disposición que tenemos para comprender a la otra persona, sintiendo con ella, disfrutando como ella y en ocasiones sufriendo, siendo uno con ella. Al fin y al cabo, comprender significa prender algo, captarlo y ser uno con ello.

En esta sencillez de la comunicación interpersonal está la genialidad, la confianza y la felicidad.

7.6 Las relaciones de pareja

La mayor declaración de amor es la que no se hace; la persona que siente mucho, habla poco.

Encontrar la persona que encaje en nuestras vidas y con la cual compartir la alegría y la tristeza, suele ser la mejor opción para comenzar el camino de la felicidad, aunque con frecuencia acabamos en el infortunio.

Los psicólogos y los psiquiatras, y con frecuencia los escritores, nos dicen cómo debemos ser felices en pareja, cómo debe ser el comportamiento afectivo, y cual padres aconsejando a sus hijos, nos dan las pautas para ello aunque en la madurez apenas si necesitamos que nos tutelen.

Nuestra personalidad y experiencia afloran siempre con fuerza, marcándonos pautas de vida que habitualmente chocan con nuestra alma, quizá con nuestro inconsciente, debiendo reprimir nuestros instintos con mayor frecuencia que dejándolos manifestar. Tal es así, que la gente ahora no ama con los sentidos, sino que ama a quien reúne las cualidades que necesita para su felicidad. Si es bueno/a, trabajador, estable y fiel, además de guapo, es imposible no amarle, como quien ama un coche de lujo o una mansión victoriana. Pero esto no es el amor que nuestra alma exige, bastante más alejada del raciocinio y el pragmatismo. Por eso, con frecuencia, amamos a quien no debemos, a nuestro pesar, y nos vemos obligados a hacer cosas que están más cerca de la estupidez que de la sensatez. Pero esto es el amor que nuestro cuerpo, mente y alma sienten.

El amor de pareja lo solemos expresar con alegría y deseos de agradar, empleando caricias, requiebros, sonrisas y regalos, pues nuestra intención es contagiar a la persona amada de nuestra felicidad. Y es que dentro de lo que podemos esperar de nuestra pareja, lo importante es la felicidad que logremos con esa relación, pero siempre que entendamos que la felicidad no es una línea ascendente, cada día un poco más feliz, y ni siquiera una línea recta, ya que la tendremos a cortos retazos en nuestro reloj de vida. Cuando un simple beso, otorgado en un momento adecuado, nos embriague, es buen síntoma, aunque los cien besos siguientes no nos hagan vibrar especialmente.

¿Cómo se las arreglan aquellas parejas que, por lo menos aparentemente, son felices? ¿Son en realidad desdichadas, aun sin saberlo, y toda su sabiduría consiste en soportar estoicamente su infortunio? ¿Su experiencia nos puede servir de orientación? ¿Cumplen tal vez con el adagio de que "No se trata de soportar que los vientos soplen en contra, sino de colocar las velas de modo que los hagan favorables"?

Es difícil estar convencidos de que nuestra relación de pareja es perfecta, pues siempre tendremos un psicólogo que nos demostrará que no es así, que la felicidad se alcanza justo como él nos dice, pues para eso es un profesional. Luego vendrán las presiones de la familia y de los amigos, de los compañeros de trabajo y hasta de los políticos, ya que la cantidad de consejeros es enorme y resulta difícil librarse de todos a la vez.

Nuestra conclusión es que debemos buscar la felicidad a nuestro modo y manera, y no tenemos que desilusionarnos si con frecuencia llega durante cortos espacios de tiempo.

7.7 La felicidad subjetiva

Llamamos felicidad, al estado de ánimo que sentimos cuando nos encontramos bien, cuando todo es perfecto… cuando lo que nos rodea es maravilloso: salud, trabajo, amor, amistad… es decir, es un estado de "color de rosa". Lamentablemente, cuando algo de lo mencionado anteriormente no va tan bien como nosotros deseamos empezamos a sentirnos mal, a dar vueltas al pensamiento e incluso caer en una depresión.

Podríamos decir que existen diferentes formas de felicidad que hacen que nos sintamos -según nuestra valoración-, felices, pero es una felicidad equívoca porque nos la han creado en parte a base de anuncios sobre productos de belleza, alimentación, música, paisajes... etc. Ello nos lleva a lo que llamaríamos una felicidad manipulada. No debería ser un concepto a tener en cuenta.

Del mismo modo que nuestro pensamiento es libre, y en esencia diferente, cada persona tiene una visión distinta de la felicidad. Por eso, cuando se hacen encuestas a distintas personas con diferencia en cuanto a sexo, edad, religión, etc., obtenemos una gran variedad de respuestas y cada una aceptable porque cada cual posee esa libertad que le permite expresarla a su modo y según la intuye.

Así que volvemos a las preguntas que nos preocupan: ¿existe realmente un estado de felicidad? ¿Es feliz el que más tiene o el que menos necesita? Ambas preguntas requieren un análisis sereno y la respuesta nos lleva a la felicidad subjetiva: muchas personas dirían que la felicidad consiste en lo material, en la abundancia, ya que así la vida carece de problemas, tenemos un entorno propicio, casi todo lo necesario está al alcance de la mano y con frecuencia somos admirados por los demás… y envidiados.

¿Qué ocurre con quienes aceptan esa frase que asegura "es feliz quien menos necesita?" ¿Serán acaso personas pobres, sin medios materiales que se adaptan a la adversidad de la vida o conformistas sin deseos de superación? Quizá es que la felicidad puede existir en los dos estados.

Se valora demasiado el status social y económico, obviando los sentimientos de cada cual, siendo frecuente la infelicidad de las personas ricas por carencia de sentido de vida. La enfermedad, cuando llega, hace daño a todos y aunque la posibilidad de restablecerla es mejor en quienes tienen medios económicos, el sufrimiento lo padecen todos. Las personas pobres también pueden ser infelices, padecer enfermedades y soledad, pero su punto de referencia es pequeño, sólo lo básico e incluso menos que lo básico. Aún así, su sufrimiento quizá sea mayor por ser conscientes de la ingratitud de la sociedad en la que viven. Así que nos podemos hacer otra pregunta: ¿quién alcanzaría mayor felicidad: el rico que se vuelve pobre, o el pobre que se vuelve rico? Creo que todos tenemos ya la respuesta.

Existe también otra forma de valorar la felicidad, referente a la que tenemos porque otros nos la proporcionan, tal y como ocurre con los niños pequeños. Pero ser felices siendo adultos porque la persona que está a nuestro lado se esmera en que seamos felices, supone una dependencia de bienestar muy peligrosa. Posiblemente lo que realmente hace es crear un entorno adecuado, seguridad, apoyo, y eso nos hace sentir bien, pero el estado logrado suele ser efímero.

Pero si la felicidad no la debemos buscar en los demás, entonces, ¿en dónde la encontramos? ¿Habría que coger un rastrillo y escarbar en la tierra para ver si aparece un corazón deseoso de darnos felicidad? Es algo más fácil y sencillo, pero difícil de entender por quienes se basan en lo terrenal. ¿Procede del interior tal y como ocurre con el agua? ¿De un interior profundo del cual puede salir más y más agua? La metáfora nos lleva a nuestro yo interno y la conclusión es que nosotros somos los que realmente producimos esa felicidad. Tan sencillo como realizar las cosas que nos hagan sentir bien, leer un buen libro o dar un paseo por un parque un día de lluvia.

Podemos dar felicidad si la hemos sentido previamente y entonces sabremos lo que es la verdadera felicidad. Una vez llenos de ella la vida se siente diferente, las cosas más simples resultan agradables y ayudar a los demás nos llena de gozo, como cuando tenemos un plato que nos gusta y lo devoramos compartiéndolo.

La felicidad no es sexo ni besos, aunque son un buen comienzo, pero en el altruísmo está el secreto, dar sin pedir nada a cambio. Con el tiempo lograremos crear un vínculo de la felicidad estando al lado de la otra persona, lo que se llama "felicidad compartida".

"Nada nos da tanta felicidad, como el sentirnos llena de ella". Bonita frase que implica trabajo, honestidad, pensamiento positivo y creativo, valoración personal, una buen actitud y deseo de ser feliz.

Muchas veces nos han reprochado: ¿qué te cuesta ser feliz? y depende de nuestra valoración de prioridades podemos elegir con dinero o con sentimientos. Un buen refrán es: "El dinero no da la felicidad pero aplaca los nervios", así que en la encrucijada de dinero o sentimientos habrá que elegir. Puede parecer cruel, pero con frecuencia tendremos que elegir un camino u otro. No se equivoque porque en resumen la felicidad es un conjunto de situaciones y circunstancias que nos hace sentir llenos, sonrientes y en paz. Sonrisa y felicidad son sinonimos de plenitud, de llegar al estado en el que haciendo lo que se desea y viviendo en paz, se alcanza el Todo.

Para concluir, la felicidad, letra a letra, se definiría de la siguiente manera:

F. FE
E-ESTABILIDAD
L-LIBERTAD
I-INTERÉS COMPARTIDO
C-CARIÑO
I-IMAGINACIÓN
D-DAR

7.8 Encuestas

Usted debe puntuar de 1 a 10 dónde encuentra habitualmente su felicidad. Una los puntos que están por encima del 6 y sabrá dónde incidir para sentirse bien. Evite, razonablemente, aquellos lugares o situaciones que están por debajo del 5.

¿Es usted feliz cuando está con...?

[ ] Cónyuge, pareja, novia
[ ] Niños
[ ] Otros miembros de la familia
[ ] Compañeros de clase
[ ] Clientes
[ ] Amigos
[ ] Otras personas de grupos sociales

Actividades

Por favor, indique aquello que hace con frecuencia y puntúe su nivel de felicidad.

[ ] Trabajo, estudio
[ ] Reuniones, seminarios, talleres
[ ] Viajar
[ ] Cocina, preparar la comida
[ ] Las tareas del hogar, bricolaje
[ ] Administración, finanzas, organización
[ ] Ir de compras, hacer recados
[ ] A la espera, colas
[ ] Cuidado de los niños, jugar con los niños
[ ] Cuidado de mascotas, jugar con mascotas

[ ] Ayuda a los mayores
[ ] Dormir, descansar, relajarse
[ ] Enfermo en la cama
[ ] Meditar, actividades religiosas
[ ] Lavarse, vestirse, acicalarse
[ ] En la intimidad, haciendo el amor
[ ] Hablar, charlar, socializar
[ ] Comer, picar
[ ] Beber té / café
[ ] Consumo de alcohol o drogas
[ ] Fumar
[ ] Mensajes de texto, correo electrónico, redes sociales
[ ] Navegar por Internet
[ ] Ver la televisión, el cine
[ ] Escuchar música
[ ] Escuchar charlas
[ ] Lectura
[ ] Teatro, danza, concierto
[ ] Exposiciones, museo, biblioteca
[ ] Partidos, un evento deportivo
[ ] Senderismo
[ ] Deportes, correr, hacer ejercicio
[ ] Jardinería, bricolaje
[ ] Observación de aves, observación de la naturaleza
[ ] La caza, la pesca
[ ] Juegos de ordenador, juegos para iPhone
[ ] Otros juegos, rompecabezas
[ ] Juegos de azar, apuestas
[ ] Pasatiempos, arte, artesanía
[ ] Cantar y otras artes
[ ] Algo más

Al finalizar las dos encuestas, ya tendrá una idea clara de hacia dónde debe dirigir su búsqueda de la felicidad.

Y sobre el dinero como vehículo...

Si el dinero no le hace feliz, entonces probablemente es que no lo gasta adecuadamente. Elizabeth Dunn sostiene que gastar el dinero sabiamente es una vía segura de felicidad y expone que comprar es un buen medio, aunque nos da algunos consejos:

> Es mejor un montón de pequeñas golosinas en lugar de unas pocas grandes.
> Dar dinero a los demás.
> Pagar ahora y consumir más adelante.
> Pensar en los aspectos negativos de lo que se va a comprar, antes de hacerlo.
> No comparar precios en distintos lugares, ya que distraen de los verdaderos atributos de un producto.
> Nuestro propio juicio es siempre más acertado que el de la mayoría.

Finalmente...
Cuando creas que todo te va mal, piensa en las cosas que aún te van bien.

Os deseo mucha felicidad: Adolfo Pérez Agustí (autor)